لم يعد تصمي
الجراح كافيًا

دفتر العمل

YOU'RE RIGHT
I'M WRONG

أنت على حق
، أنا مخطئ

JEFF MARINELLI

أنت محق، أنا مخطئ
لأن الشراكة السليمة المليئة بالحب
لا تأتي بالصدفة

You’re right, I’m wrong
Because a healthy partnership
full of love does not come by
chance

لماذا تشتري هذا الكتاب

هل تجهل ما الذي يجعل شريكتك سعيدة أو ربما أنت تتساءل عما تفكّر به؟ لا تعرف لماذا تثير تلك الأشياء التافهة استياءها، لدرجة أنّك بدأت بالاعتقاد بأنّه ما من طريقة لإسعادها.... فلماذا تتكبد عناء المحاولة أصلاً؟

إليك اختباراً سريعاً: أغضبتَ شريكتك، فذهبت إلى غرفتها وأقفلت الباب. ما الذي ستفعله؟

أ. تدعها وشأنها لتهدأ

ب. تقرع الباب وتعتذر

إذا اخترت (أ)، إذاً عليك أن تقرأ هذا الكتاب.

الإجابة هي (ب) تقرع الباب وتعتذر. لكنك لست مخطئاً! فلمَ ستعتذر رغم أنك على حق! الجواب بسيط: أنت تعتذر لأنك لم تكن على وفاق مع شريكتك. وإن لم تعتذر، ستعيش حياة بائسة في منزلك. اعتذر كي تتناقش مع شريكتك مجدداً. وكي تستعيدا التفاهم بينكما. لتحظيا بعلاقة سعيدة وحياة هانئة. وهدف هذا الكتاب هو عيش حياة سعيدة وممتعة.

ستتعرف في هذا الكتاب على الحاجات الأربعة التي تحتاجها لتحظى بالسعادة. كما ستتعرف على حاجات شريكتك الأربعة لتحصل على السعادة بدورها. ستكتشف الأخطاء الأربعة التي تتسبب بإفساد العلاقة، كما ستطّلع على المراحل الأربعة التي تمر بها شريكتك خلال انهيار العلاقة، بالإضافة إلى أربعة دروس لم تتعلمها من قبل. وبعد أن تتفتح بصيرتك، ستتعرف على 16 وسيلة عليك اتباعها يومياً لإصلاح الركائز الأربعة الأساسية للعلاقة السليمة.

إن النصائح والأفكار الواردة في هذا الكتاب ستساعد العازبين على البدء بعلاقات جديدة وتُرضي كافة الأطراف. ألم يحن الوقت لتتجاوز الألاعيب السخيفة التي تقف عائقاً في طريقك؟ سواء كنت تعتقد أن علاقتك الحالية بحاجة لبعض التحسين أو كنت على وشك الدخول في علاقة جديدة، سيساعدك هذا الكتاب على تحسين طريقتك في التعامل مع العلاقات.

أنت على حق، أنا مخطئ

هذا الكتاب يهدف لجعلك تحظى بعلاقة ممتازة مع شريكتك. إذ يرشدك إلى طرق فريدة للتعامل مع علاقتك. القسم 1 يبدأ بمساعدتك على فهم الأسباب التي جعلت علاقتك تأخذ منحى سيئاً. ويسمح لك بالعودة خطوةً للخلف لتسترجع النقاط التي تشترك بها مع شريكتك. ويهدف إلى جعلك تفهم كيف أنك، دون قصد، قد تسببت لنفسك بالكثير من المشكلات، ويعطيك بالتالي على الطريق الصحيح لإصلاحها.

القسم 2 يساعدك على فهم سبب تدهور علاقتك. وتبدأ بملاحظة الأسباب التي أدت إلى سوء التواصل بين الطرفين. سترى أفعالك من منظور جديد، وتدرك تأثيرها على شريكتك. عندما تعرف كيف ولماذا حصل ما حصل، ستكون قد قطعت نصف الطريق إلى إصلاح علاقتك.

القسم 3 هو القسم الأهم، لأنه يتحدث عن إعادة إحياء علاقتك. ويقدم لك طريقة مفصلة خطوة بخطوة لإصلاح علاقتك و16 وسيلة ستساعدك على القيام بذلك. عندما تقرأ هذا الكتاب ستعرف ما عليك إصلاحه في علاقتك، والأهم من ذلك، ستعرف السبل اللازمة لإصلاحه.

بعد قراءة هذا الكتاب أوصيكم بشدة بتحميل الكرّاس الخاص الذي يحتوي على 16 وسيلة إضافية وفصل إضافي يتحدث عن المشاكل المرتبطة بالماضي.

رغم أنه موجه بشكل أساسي للرجال، كُتب هذا الكتاب بعناية ليتوافق مع مختلف الأجناس والعلاقات. عندما تقرأ هذا الكتاب ستتعرف على المشاكل اليومية التي تؤثر على علاقتك والتي لم تكن تعرف أنها مشاكل أصلاً. ومع تقدمك في هذا الكتاب ستلاحظ كيف يرتبط كل شيء ببعضه، والأهم من ذلك، سترى كيف يعتمد كل شريك على الآخر للحصول على علاقة سليمة.

حقوق النشر 2022 جيف مارينللي
جميع الحقوق محفوظة

أنت على حق، أنا مخطئ - الرقم التسلسلي في براءات الاختراع والعلامات التجارية الأمريكية 90732922
أنا مخطئ، أنت على حق - الرقم التسلسلي في براءات الاختراع والعلامات التجارية الأمريكية 90736412

إهداء وشكر

أولاً، إلى حب حياتي التي ساعدتني وساندتني في رحلتي لإعداد هذا الكتاب بأفضل صورة ممكنة.

إلى أصدقائي الشباب: أود شكركم على قصصكم وتجاربكم التي قمتم بمشاركتها معي ــــ جيم فيريس، جون باتيسون، ديل جوني هاريس، رون بوركواهتر، مايكل تود.

للعائلة والأصدقاء الرائعين الذين أعطوني رأيهم حول الكتاب - شكراً لكم! جواني فير، كيسي فيشر، آرون إيانيللو، رين هاجستروم، دونّا مكاسيدي، ديفيد فايفر، أيلين ني

تُرجم بواسطة
إشراقة سامي

قائمة المحتويات)

نبذة عن الكاتب

جيف ماريريني لي

جيف ماريريني لي مؤلف ذو نزعة تفاؤلية وهو ناشر ونشاط في مجال الأعمال والعقارية، وهو يعمل على بناء أعمال تقوم على خدمة الآخرين سواء أي شخص يعمل على بناء أي لضل الأفضل الصديق أو رجل أعمال ورجل الأعمال الخيرية، وقد اكتسب طبعه اليوم مما هو معرفة من تجاربه. لضل. هو لم يعدّ يوماً أنها طيب سنفسي. وقد اكتسب طبعه اليوم أنها طيب سنفسي.

على تنوعة المتنوعة الإنسانية الأساسية الإنسان والأحوال والظروف مع التعامل في خبراته وخبراته الحقيقية على أنا "في تلك الرؤية يشارك هو ها ها الآن الآخر والمهني، والشخصي المستوى المستوى الرواب جيف ثقّة المجلة لمجلة ناشر / مؤسس كمؤسس. "مخطئ أنا، حق Art and Living, مؤسس مؤسسة كمؤسس. 2005 عام منذ انتابتاياح اونغأ نذين الذين يعينبدعمن والمبدعين والجماهير بين Art and Living Charitable Foundation الخيرية، جيف على تقريب لمجلة عمل الشركات الشركة حياة جيف شاع عام شاع. المليمة العقارية التجارب خوض خلال من الفنون من خوض العملية.

بصنع منصب بتولية ًءاهتناو ًاكيرش نوكي ونه كون من ًءادبا رت والتوتر ودهاد الإجاب الابائئة الملية أي في حجج ان تنجح للشراكة نكمكن فكيف عرف رفع ان نه يعرف، يظهر أن نه يعرف فكيف نكمكن المدير التنفيذي، والأقوى منه رجرخت وتخرج اختبار.

نبذة عن الفنان

جونزالو دوران هو فنان من أنجيلينو معروف على المستوى العالمي. ولد في المكسيك، وهاجر إلى الولايات المتحدة عندما كان طفلاً ونشأ في شرق لوس أنجلوس قبل الالتحاق بمعهد أوتيس للفنون ومدرسة شوينارد للفنون. وقد أطلق عليه اسم مارك شاغال أمريكا الشمالية والوسطى. بالإضافة إلى الألوان الرائعة والمذهلة التي يستخدمها في لوحاته، يتمتع أيضاً بخيال غير محدود. يدير Mosaic Tile House مع زوجته، الفنانة شيري بان، من منزلهم في فينيسيا، كاليفورنيا.

كان جونزالو هو الفنان المثالي لهذا الكتاب فحياته تمثل كل ما هو وارد في هذا الكتاب. كما يعرف تمام المعرفة أنه إذا كانت شريكتك سعيدة، فستكون أنت سعيداً. يصوّر جونزالو الأفكار الواردة في هذا الكتاب في أعماله الفنية، ويقدّم أعماله هذه هدية للقارئ.

كيف ساءت الأمور بهذا الشكل

القسم 1:
كيف ولماذا وصلت علاقتك إلى هذه المرحلة

دعنا نكون واقعيين

الفصل 1: الحقائق

ليست مهمة شريكتك أن يجعلك سعيداً.
السعادة هي ثمرة مجهود داخلي
أنت شريك رائع، أليس كذلك؟ بالطبع أنت كذلك. إذاً لمَ تحتاج اذه
الكتاب؟

دعنا نكون صريحين. ەل أنت أفضل شريك يمكنك أن تكونه؟ أم أنك كنت ببسب ريبك حد كلى إلى بضغتَ لمَ وأ ،هب ركفت امو ،كتكيرش دعسُي امع ًالفاغ ودبت ؟ةهفات رومأ ەل أصبحت حياتك، بعد أن كانت كالحكايات الخرافية، صعبة ومعقدة وكأنها عمل شاقٌ مؤبد وعديم الجدوى؟

في الحقيقة، حين انخرط معظمنا في علاقاتهم، لم يكن لديهم أدنى فكرة عما يسعد شركاءهم. ظننا أننا إذا عملنا بجد لتأمين حياة كريمة ورائعة، فال من ام هنأكو ودبي ناحيألا ضعب يف نكل ؟ديعس ريغ انكيرش نوكي نأل لاجم طريقة لجعل شريكتك راضياً — أبداً.

في نهاية المطاف، يريد معظم الناس أن يكونوا سعداء مع شركائهم. يريدون أن يؤمنوا بوجود التوافق والشراكة. يريدون الاستمتاع بوقتهم دون أية تعقيدات، على طريقة اعمل بجد - امرح بجد.

يهدف اذه الكتاب إلى منحك الحياة الرائعة التي تستحقها مع شريكتك بعيداً عن اللغو عديم الفائدة، كما أنه يرشدك لتبقى دوماً الشخص الذي تَعْقو في حبه، وهذا سيجعل شريكتك تختبر هذه المشاعر مراراً وتكراراً.

لتحقيق ذلك، عليك أن تفهم مقومات نجاح العلاقات أولاً. سيعرفك اذه الكتاب على تفاصيل آلية عمل العلاقات لتتمكن من الحصول على شراكة رائعة من جميع النواحي: بحيث تتضمن ارتباطاً وثيقاً، وإخلاصاً متبادلاً، والكثير من المرح، وبالطبع ال بد أن تكون مليئة بالحب.

سيساعدك اذه الكتاب على أن تصبح شخصاً جديراً بشريكة تلبي احتياجاتك ويسعدك - وتسهّل مهمتك في إسعادها وتلبية احتياجاتها. إذا كنت قد خسرت اذه الرابط مع شريكتك، فأنت تحتاج اذه الكتاب. إن كانت علاقتك ال تسير على ما يرام، وكنت متيقناً بأنها يمكن أن تكون أفضل، فأنت بحاجة لهذا الكتاب.

هناك تغييرات مستمرة في كل يوم تقضيه مع شريكتك. وعليك أن تجيد التعامل مع هذه التغييرات. فعلاقتكما تسير بشكل مقبول في أي يوم عادي، لكن ماذا عن الأيام غير العادية أو عندما تطرأ مسائل غير متوقعة؟ سنرفع الستار عن بعض الأمور الأساسية التي تضايق شريكتك، لتتمكن من معرفة أخطائك وأسباب مشاكلك معها. عندما تعرف هذه المشاكل، يمكنك أن تتعامل معها باهتمام وحب بدلاً من التفاعل معها بشكلٍ مليء بالتوتر. سيرشدك هذا الكتاب إلى الخيارات الصحيحة التي عليك اختيارها لحل المسائل وللتواصل بفاعلية مع شريكتك. إنه أمر معقد ولكنه ليس مستحيلاً. وسأخبرك بكيفية وسبب تنفيذه.

كثيراً ما أسمع الأزواج يقولون: "نعم، نحن نتجادل من حين لآخر، لكنْ هل هناك أزواج لا يتجادلون؟ كيف يمكن لهذا الكتاب مساعدتي؟" عندما تقرأه ستفهم.

الحياة دون حب حياتك ليست حياة.

تذكر أن تفعل ما يأتي بنتيجة

أنا لست أخصائياً نفسياً. أنا مجرد رجل تعلم من خلال تجاربه وتجارب الآخرين في الحياة العملية كيفية بناء علاقة قوية. وقد شاركت هذه التجارب مع أصدقائي ووجدوها مفيدة لهم. والآن أشاركها معكم.

هذا الكتاب ليس بحثاً نظرياً. إنه عمليّ وسهل القراءة مع أمثلة يومية مأخوذة من الحياة الواقعية. إنه مسار يمكن لأي شخص أن يسلكه لإعادة العلاقة إلى جادة الصواب. ستكون العديد من التجارب الموصوفة في هذا الكتاب بمثابة تذكير بما تعرفه بالفعل - لكنك نسيت أن تمارسه. أو تذكيراً بما تعرفه على أحد المستويات، ولكنه لسبب أو لآخر، أصبح بعيد المنال.

ربما تكون قد سمعت القصة التالية التي رواها عالم الأنثروبولوجيا لورين إيزلي. إنها تنطوي على فكرة مشابهة لسبب تأليفي هذا الكتاب:

في وقت مبكر من صباح أحد الأيام، كان رجل عجوز يسير على طول الشاطئ بعد أن مرت عاصفة كبيرة ووجد الشاطئ الشاسع مليئاً بنجوم البحر، متراميةً في كل الاتجاهين على مد البصر. ومن بعيد، لمح الرجل العجوز صبياً صغيراً يقترب. وبينما كان الصبي يمشي على طول الشاطئ، كان يتوقف في كثير من الأحيان، وينحني لالتقاط شيء وإلقائه في البحر. عندما اقترب الولد، ناداه الرجل، "صباح الخير! هل لي أن أسألك ما الذي تفعله؟ "

نظر الفتى إلى الأعلى وأجاب: "لقد جرفها المد إلى الشاطئ، ولا تستطيع العودة إلى الماء بمفردها. عندما تزداد حدة الشمس، ستموت ما لم أعدها إلى الماء."

أجاب الرجل العجوز: "لكن هناك عشرات الآلاف من نجوم البحر على الشاطئ. أخشى أن أفعالك هذه لن تحدث فارقاً حقيقياً."

انحنى الصبي والتقط نجمة بحر أخرى وألقى بها إلى أبعد مدى يستطيع إلقاءها إليه في البحر. ثم استدار وابتسم وقال: "لقد أحدث هذا فارقاً بالنسبة لنجمة البحر هذه"

لديك القدرة

يبدأ كتاب أنت على حق، أنا مخطئ بفكرة أن لديك القدرة على المبادرة واتخاذ دور القائد في إصلاح العلاقة. نعم، تتطلب العلاقة شخصين، لكن الطاقة الإيجابية الناجمة عن أفعال شخص واحد يمكنها أن تشكل فارقاً كبيراً. من السهل الإلقاء باللوم على الآخر فيما يتعلق بالمشاكل التي تعاني منها علاقتكما. من السهل أن تجلس بلا حراك بانتظار أن يتغير شريكك، في حين أنك تمتلك في جعبتك أكثر مما تدرك من القدرة الكفيلة بإعادة الأمور إلى مسارها السليم.

عليك الإيمان بأنك الصخرة التي ترتكز عليها العلاقة. أنا أتبع في حياتي الحكمة القائلة: "زوجة سعيدة، حياة سعيدة". أنا متزوج من امرأة عملت كمديرة تنفيذية ولمطاعم سعت جاهدةً للحصول على النتائج التي تريدها. هي دقيقة للغاية فيما يتعلق بما تتوقع الحصول عليه في المنزل وفي العمل. لقد تعلمت وأتقنت كيفية تلبية متطلباتها واحتياجاتها أولاً. وعندها، وعندها فقط، يمكنني التركيز على عملي وهواياتي - وهذا الكتاب - دون الحاجة للقلق بشأن علاقتنا. قد أقول مازحاً أن عملي في الحياة هو الحرص على إبعاد زوجتي عن التوتر. لكنني أؤكد لكم أنها حين لا تكون متوترة، لن أكون متوتراً أنا أيضاً.

خلال قراءتك لهذا الكتاب، أبق ذهنك منفتحاً. ركز على ما تشعر أنه يمسّك وينطبق على حالتك. ضع الأفكار المطروحة فيه في موضع التطبيق. وسترى أن علاقتك ستتغير نحو الأفضل.

هذا الكتاب ليس مخصصاً وحسب للأشخاص الذين يخوضون علاقة حالياً. بل يمكنه أن يساعد العازبين على البدء بعلاقات جديدة تبقيهم وأصدقاءهم سعيدين. ألم يحن الوقت لتجاوز تلك الألاعيب السخيفة التي تقف عائقاً في طريقك؟ سواء كنت تشعر أن علاقتك الحالية تحتاج لبعض التحسينات أم كنت على وشك بدء علاقة جديدة، سيساعدك هذا الكتاب على تحسين فهمك للعلاقات. أليس من حقك الحصول على فرصة لعيش أفضل حياة ممكنة مع شريكك؟

أربعة أخطاء

١ الإهمال أو التجاهل

٢ الشعور بالأفضلية

٣ التوقعات الخاطئة

٤ الأكاذيب & الأسرار

الفصل 2: أربعة أخطاء نرتكبها مع شركائنا

لا تفشل العلاقات بسبب خطأ أو مشكلة كبيرة. بل تموت شيئاً فشيئاً ويوماً بعد يوم عندما لا نحرص على الاهتمام بها. لقد اكتشفت أربعة أخطاء نرتكبها يومياً وقد لا تبدو لنا أخطاء كبيرة. لكن أعراضها تتراكم مع مرور الزمن لتصل إلى مرحلة تدمر فيها العلاقة القائمة.

إليكم لمحة عامة عن كل خطأ قبل أن نغوص في العمق:

1. إهمال أو تجاهل شريكتك

يحصل هذا كثيراً، أكثر مما قد يتصور الكثير من الناس أو يفصحون عنه. يبدأ إهمال الشريك بشكل بسيط ثم يصبح خطيراً مع الوقت، ويصبح أمراً اعتيادياً بالنسبة لك أن تنسى حاجات شريكتك للمشاركة والتواصل والحميمية والحب ولوجودك بقربها دوماً.

كيف يتجلّى ذلك؟ لعلك تعمل لوقت طويل كل يوم وحتى في أيام العطل، ثم تأتي شريكتك وتقول: "دعنا نخرج لتناول العشاء." فتخبرها أنك مرهق وتحتاج للراحة. ثم يتصل بك صديقك ليخبرك أن لديه تذكرتين لحضور مباراة. فتخبر شريكتك أنك ستخرج لحضور المباراة لترفه عن نفسك. هذا مثال عن إهمالك لحاجة شريكتك لقضاء الوقت معك.

2. الشعور بالأفضلية

هل تشعر أنك تستحق معاملة مميزة أو أن تُعفى من بعض المسؤوليات؟ هل تنطبق القواعد على الجميع ما عداك أنت؟ قد يكون هذا الشعور بالأفضلية ميزة تنافسية في بعض المجالات، لكن يمكنه أن يقضي على الروابط القوية التي تتمتع بها مع شريكتك.

كيف يتجلّى ذلك؟ تشتري شريكتك البقالة وتعد العشاء، ثم تطلب منك أن تخرج القمامة. لكنك تنسى فعل ذلك. إذ لديك أشياء أهم لتقوم بها. أنت مشغول (بمشاهدة التلفاز، أو الذهاب للجري، أو التكلم مع الأصدقاء، أو تصفح مواقع التواصل الاجتماعي). ألا يمكن لأحد آخر القيام بذلك؟ هذا هو الشعور بالأفضلية. هل أدركت لماذا يُعتبر هذا مشكلة حقيقية؟

3. تقول شيئاً وتفعل شيئاً آخر

حين ترفع آمال شريكتك هكذا ثم تحطمها، ستجعلها تشعر بالاستياء وبأنها منسيّة. إنها طريقة تكذب فيها على نفسك بشأن دورك في هذه العلاقة وما أنت مستعد لفعله في هذه العلاقة. إن كنت شخصاً لا يمكن الاعتماد عليه بشكلٍ مستمر، فلماذا قد يثق شريكتك بأي شيء تقوله؟

كيف يتجلّى ذلك؟ تقول: “سأكون في المنزل خلال ساعة” ولا تعود إليه إلا بعد مرور ثلاث ساعات. سواء أكان عذرك (وبالتأكيد لديك عذر ما) حقيقياً أم لا، فلا زلت مخطئاً لأنك جعلت شريكتك تتوقع منك شيئاً ولم تفعله. أو ربما تقول: “سأقوم بطلاء غرفة الأولاد في عطلة نهاية الأسبوع هذه” ثم تنقضي ستة أشهر وأنت لم تقم بذلك وظلت علب الدهان قابعة في المستودع. هذه ليست شراكة؛ لقد تحولتَ إلى رفيق سكن سيء.

4. الأكاذيب والأسرار

الأكاذيب البيضاء والأسرار هي بمثابة السم لأية علاقة سليمة. لماذا يعتبرها شريكتك خطأً جللاً؟ لأن شريكتك يثق بك. يُفترض أن يكون هو الشخص الوحيد الذي عليك أن تكون صادقاً تماماً معه وتشاركه بكل شيء. (حتى المحاكم تؤمن بهذا، إذ تعفيك في كثير من الأحيان من الشهادة ضد شريكتك). الأكاذيب والأسرار هي مشكلة كبيرة فعلاً، لأنها تزرع بذرة الشك التي تغذي الخوف والريبة. كم تخفي من الأكاذيب والأسرار الأخرى؟ هل بدأت بالتراكم وستتسبب لك بأزمة قريباً؟ هذا القلق هو ما يجعل شريكتك يعتقد أنك تحولت من شخص يحبه إلى شخص بالكاد يعرفه.

كيف يتجلّى ذلك؟ يستمر أحد أفراد عائلتك بطلب المال منك، وأنت وشريكتك متفقان على أنكما لا تستطيعان منحه المال. ثم يأتي يوم يجيء فيه هذا الشخص ليطلب منك المال للمرة الأخيرة حسب زعمه. ليس مبلغاً كبيراً، لذا ليست مسألة كبيرة، أليس كذلك؟ تستسلم للأمر وتعطيه المال لكنك لا تخبر شريكتك بذلك. ثم بعد مرور بضعة أسابيع، تكتشف شريكتك الأمر، وتفقد أعصابها.

دعونا نستكشف الآن تعقيدات أثر هذه الأخطاء الأربعة وكيف تؤثر على علاقتك. إنها كالهاوية بالنسبة للعلاقة، وستدرك كيف يمكن لأخطاء كهذه أن تتسبب بانحدارات حادة، وتدهور للعلاقة.

إهمال شريكك أوتجاهله

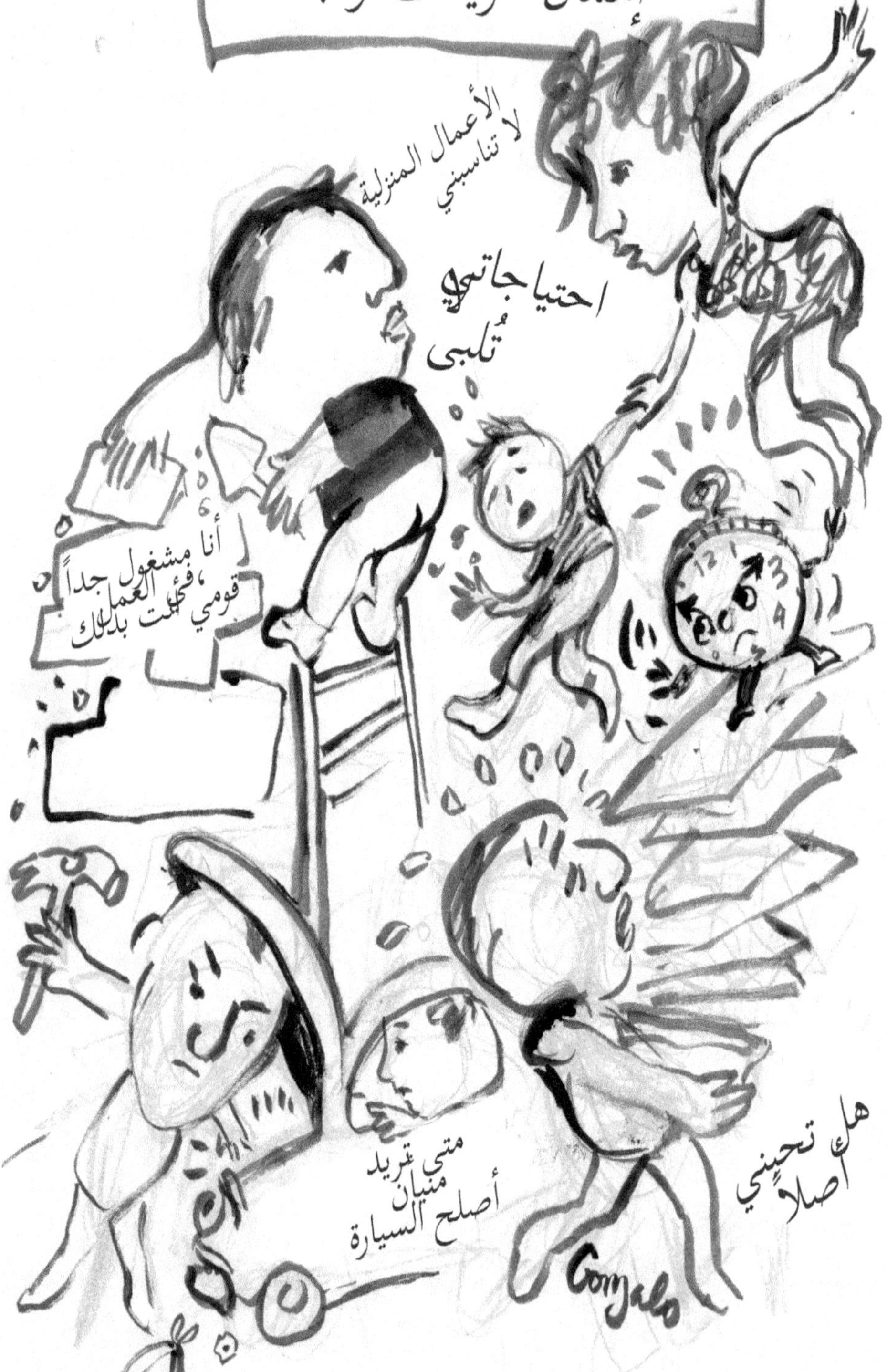

الخطأ 1: إهمال أو تجاهل شريكتك

وذلك عندما تشعر شريكتك بأنها مهملة، أو احتياجاتها لا تُلبى. ألن يكون رائعاً أن تشعر شريكتك دائماً بأنها محط تقدير وأنك تحتاجها؟ لا أقصد أنك تحتاجها لتعتني بك في الحياة، بل المقصود هو أن تريد البقاء بجانبها دوماً، عندها ستدرك شريكتك أنك مغرم بها حد الجنون وأنك لا تحتاجها وحسب بل تريدها أيضاً. عندما تشعر شريكتك أن حياتك تدور حولها، لن تشعر يوماً بالإهمال. وبهذا ستشعر شريكتك أنها محبوبة ومحط تقدير، وأن تظهر لها الاهتمام والدعم.

هناك الكثير من المسائل التي تواجهنا في حياتنا اليومية - كالتعامل مع العائلة والأصدقاء والهوايات والأحداث الرياضية والعمل... وإذا تُركت هذه المسؤوليات ليتولاها أحد الشركاء بمفرده، فقد يدفع هذا الشريك للشعور بأنه مهمل، نظراً للوقت والجهد الذين تتطلبهما هذه الأنشطة. لكن لا تخطئ الظن: الإهمال ينتج عن الخيارات التي تختارها سواء كنت تتولى الكثير من المسؤوليات أم قلة قليلة منها فقط. خلاصة القول، إن وقتك واهتمامك ليسا موزعين بطريقة متوازنة ومناسبة لشريكتك. عندها يظهر بوضوح أنك تظن أن وقتك أهم من متابعة ما تهتم به شريكتك. هو لا يفهم أولوياتك وأنت لا تفهم أولوياتها. هل فكرت يوماً بينك وبين نفسك، لماذا يعتبرها مسألة مهمة؟ لم لا يستطيع تولي هذا الأمر؟ هذه الأفكار ستقودك إلى إهمال شريكتك.

تذكّر أنّ الإهمال قد يتسلل إلى العلاقة، لكنه ينبع من الخيارات التي نتخذها يومياً. إن كنت قد اخترت هذه الخيارات، ربما حان الوقت لتعيد النظر بها.

كيف يتجلّى الإهمال؟

في المواضيع التي تتعلق بالعائلة، هل تنحاز لصف عائلتك لا إلى صف شريكتك بحال ظهور خلاف بوجهات النظر؟ في المواضيع التي تتعلق بالعطل والمناسبات، هل تدفع شريكتك للقيام بأمور لا رغبة لها بها، فقط من أجل إرضاء عائلتك؟ هل تختلف دوماً مع شريكتك فيما يتعلق بشؤون العائلة وتعتقد أنه يصعب الأمور عليك أكثر من اللازم؟ هل تمضي مع عائلتك وقتاً أكثر مما تمضيه مع شريكتك؟ إن كنت تفعل ذلك فهذا هو الإهمال بحد ذاته.

ماذا عن الأصدقاء؟ هل تخبر أصدقائك بمعلومات عن شريكتك لا حاجة لهم لمعرفتها؟ هل يزورك أصدقاؤك أكثر مما ترغب به شريكتك؟ أتشعر أن أصدقاءك هم من تلجأ إليه عند حاجتك لشيء ما؟ هل تتهمك شريكتك بأنك تمضي وقتاً أكثر من اللازم مع أصدقائك؟ إن كان أي مما سبق يمثل حالتك، فهذا هو الإهمال.

فيما يتعلق بالهوايات، ألعاب الفيديو، والرياضة، أتقول لشريكتك: "أحتاج المزيد من الوقت"؟ سيكون رائعاً لو كانت شريكتك مهتمة بهذه الأشياء أيضاً، لكن ماذا لو لم تكن كذلك؟ هل تمضي كل أوقات فراغك بالقيام بهذه النشاطات؟ في صبيحة يوم العطلة، هل تحضّر القهوة أو الفطور لشريكتك أم تقبع أمام التلفاز تشاهد قنواتك الرياضية المفضلة وتطّلع على نتائج مباريات الأمس وجدول مباريات اليوم؟ هل تعرف جميع إحصائيات فريقك المفضل لكنك تنسى عيد ميلاد شريكتك أو ذكرى زواجكما؟ هذا هو الإهمال.

إن كان لديكما أطفال، هل تقوم بواجباتك تجاههم بشكل متساوٍ مع شريكتك؟ من المذهل مقدار المرات التي يكون فيها أحد الوالدين بمفرده مسؤولاً عن إيصال الأولاد إلى المدرسة. عليك أن تعرف أنه في هذه الأيام أصبح عبء العناية بالأطفال يقع على كاهل الشريكين بالتساوي 50/50، أي للوهل أليس كذلك! هل ترافق الأطفال في أنشطة ما بعد المدرسة! إيصالهم إلى دروس تعلم الموسيقى، أو كرة القدم، أو السباحة؟ ما هي درجة مشاركتك بجميع هذه النشاطات؟ هل أنت حاضر أم غائب عنها؟ إذا كنت تفترض تلقائياً أن شريكتك ستقوم بتغطية هذه النشاطات طيلة الوقت، فأنت تهمل شريكتك.

هل تتوقف لتستمع إلى شريكتك عندما تشكي لك همومها؟ سيتطلب الأمر منك أن تستقطع وقتاً من جدولك المزدحم وتتوقف كل ما تقوم به وتخصص هذا الوقت كلياً لشريكتك. هل تعتقد أنك مشغول جداً لتستمع إليها ما لم يكن لديها شيء مهم تقوله، وإلا ستعتبر ذلك مضيعة لوقتك؟ إن كان هذا ما تمر به، فأنت تهمل شريكتك.

عندما يتعلق الأمر بالعمل، هل تعمل بشكل مبالغٍ فيه؟ هل تعاني صعوبة في الفصل بين وقت العمل ووقت العائلة؟ هل أجلت يوماً الاحتفال بعيد ميلاد شريكتك بسبب العمل؟ هذا إهمال.

عندما تكون في المنزل، هل تلقى شريكتك وأنت بحالة من الإرهاق الدائم؟، لا بد أن تكون متيقظاً ومستعداً للانطلاق؟ أتشعر أن أيام العطلة هي وقت الاسترخاء بالنسبة لك، ويجب أن ترتاح خلالها وألا يتم إزعاجك بشيء؟ اسأل نفسك إذا ما كان شريكتك تحصل على بقايا طاقتك فقط. إن كانت هذه هي الحالة، فلا بد أن شريكتك يشعر بالإهمال.

ألديك مشاكل كالإدمان أو الاكتئاب، أو أي صدمة تعرضت لها في الماضي؟ تشعر أنك بخير في بعض الأيام وفي بعضها الآخر لا تكون بأفضل حال. بالإضافة إلى ذلك، لديك أسبوع حافل بالعمل وساعات تقضيها في لعب ألعاب الفيديو وممارسة هواياتك، ما يترك لك القليل من الوقت لتخصصه لشريكتك. إن كنت تشغل نفسك بأمور فوق طاقتك بهذا الشكل سينتهي بك الأمر بإهمال شريكتك.

هل تجد شريكتك غاضبة طوال الوقت؟ ربما لم تعد شريكتك ترغب بحشر الرومنسية والحميمية في جدول أعمالك المزدحم. هل تشعر أنك تُعاقَب ولا تعرف السبب؟ إن كنت تتساءل ما خطب شريكتك، فأغلب الظن أنه الإهمال.

يمكنك ببساطة أن تنشغل وينتهي بك الأمر بإهمال شريكتك دون أن تدرك ذلك حتى. إذا كنت منتبهاً، ستعرف بوضوح الإشارات التي تدل على أن شريكتك تشعر بالإهمال والتجاهل. هل تسمع يومياً عبارة: "رجاءً لا تحضر هاتفك إلى مائدة الطعام" أو "لا تحضر حاسوبك المحمول إلى السرير" أو "من فضلك عد باكراً إلى المنزل اليوم، موعد النوم - رجاءً أطفئ التلفاز" أو "إنها ذكرى زواجنا" أو "رجاءً شارك بأعمال المنزل أكثر"؟ قد يصعب عليك سماع ذلك. وربما يكون من الأسهل بالنسبة لك أن تبقى متشتتاً ومشغولاً بأشياء أخرى. وقد تتوقف شريكتك بعد مدة عن السؤال.

أؤمن أن معظم الأشخاص المرتبطين عقلانيون ويمنحون شركاءهم حرية أكبر مما قد يرغبون به أو يقبلونه. لكن، بصراحة، في كثير من الأحيان تنشغل لدرجة تجعلك لا تلاحظ كم تماديت وأصبحت تتجاهل كل طلبات شريكتك وتبدأ باختلاق الأعذار.

هل تساءلت يوماً لمَ تغضب شريكتك لهذا الحد، ثم تفقد صوابها؟ هذا لأنها ضاقت ذرعاً بك ولم تعد قادرةً على التحمل.

عندما تفقد شريكتك أعصابها، هل تتريث وتمنحها بعض الاهتمام. ثم بعد انقضاء الأزمة تعود إلى عاداتك السيئة القديمة نفسها. إذاً، أي نوع من الشركاء أنت؟ هل أنت شريك فاعل أم سلبي؟ هل تلبي احتياجات شريكتك العاطفية، وهل أنت دائماً حاضر بقربها؟ كم مرة تعود إلى المنزل لتستلقي على الأريكة وتشاهد التلفاز وتسرح بأفكارك؟ أم أنك تأتي إلى المنزل وتهتم بما تحتاجه شريكتك؟

من الطبيعي أن تحتاج شريكتك للشعور بأنك مغرم بها حد الجنون، وأنك تحبها، وتعتبرها امرأة مذهلة وتشعر بحاجتك لها. فقد راهنت بحياتها كلها عليك. فقد كنت خيارها. إذاً، هل تعتني بشريكتك بطريقة تؤكد لها أنها اختارت الخيار الصحيح؟

إذا كنت ترتكب هذه الأخطاء منذ مدة طويلة، فلا بد أنك تسببت ببدء إحدى مراحل تدهور العلاقة الأربعة أو ربما كل المراحل. ستتعرف على هذه المراحل في الفصل التالي. قد تغير هذه المراحل شريكتك من المرأة التي التقيتها أول مرة إلى شخص لم يعد لديه رغبة بأن يبقى شريكتك. فكلما أهملت وتجاهلت شريكتك أكثر، ستتغير بشكل أكبر لحماية مشاعرها. لذا أقول أنّك أنت جذر المشكلة. طالما أنك فتحت عينيك وأصبحت تدرك الحقيقة، فقد حان الوقت لتغيير خياراتك وإعادة الأمور إلى نصابها، وإلا قد تستيقظ ذات يوم لتجد المرأة التي تدعوها شريكتك، قد تغيرت لدرجة أنك لم تعد تعرفها.

خذ المبادرة: كن حاضراً

كيف تعكس مسار الإهمال؟ ركز على الأشياء الصغيرة وواظب على القيام بها يومياً.

ابدأ صباحك بإحضار القهوة لشريكتك. أزل عن شريكتك عناء يوم سيء وامنحها كأساً من النبيذ عند استقبالها حين تعود إلى المنزل، والأفضل أن تحضّر العشاء. أتعرف لم يحب الناسُ الكلاب؟ لأنهم عند عودتك إلى المنزل يحيّونك ويهزون ذيلهم سعيدين برؤيتك ويغمرونك بالقبل. أفهمت قصدي؟ عندما تكون في المنزل، كن مشاركاً فعالاً.

ابتعد عن الحاسوب والهاتف والرسائل النصية. داوم على إخبار شريكتك أنك تحبها. أمض وقتاً مميزاً معها، ساعدها على غسل الأطباق، اكتب قائمة بالمهام التي أنت مستعد لتنفيذها عندما تطلبها منك، ساعد الأولاد في واجباتهم المدرسية وشاهد التلفاز معها. أعطها جهاز التحكم عن بعد وشاهد معها ما ترغب هي بمشاهدته. انخرط معها في محادثات عديدة وجهاً لوجه. دعها تحدثك عن يومها - لعشر دقائق في اليوم لتتمكن من الاسترخاء وإزالة التعب عن كاهلها.

رغم بساطة هذه الوسيلة التي لا تستغرق من وقتك أكثر من عشر دقائق، إلا أنها ستُشعر شريكتك بالحب والتواصل والحنان. قم بزيارة الموقع الالكتروني

الحل: شراكة متوازنة

في الحياة، يفترض أن يتشارك الزوجين في المسؤوليات ويحظون بامتياز دعم كل منهما للآخر. تعلّم الكثير من الناس كيفية العمل الجماعي في مجالات عملهم، ويمكنهم تطبيق هذه المهارات في المنزل أيضاً.

في علاقات الحب، يفترض أن تدعم شريكتك من خلال مساعدتها على مواجهة الضغوط الانفعالية في حياتها، بينما تحاول في نفس الوقت التعامل مع ضغوطك الخاصة أيضاً. وحلاوة الأمر، أن العلاقات يكون مصيرها النجاح عندما تكون مشاعر الحب والتعاطف والتفاهم متبادلة بين الشريكين. ومن خلال المحادثات بينهما يزداد التواصل. وبالمقابل، تتعامل شريكتك معك بعقلانية، وتشكل روابط أقوى معك، وتقوم بدورها بتلبية احتياجاتك. عندما تبذل مجهوداً، ستتأكد شريكتك أنك تحميها وتساندها. هذه هي الشراكة الحقيقية. إنها تدور حول الأخذ والعطاء - ليس الأخذ وحسب. مشاركة شريكتك في السراء والضراء ستخلق بينكما الحميمية. وستجعلكما تقتربان أكثر من عيش الحياة المتوازنة. وإذا تطلب الأمر منك أن تتخلّى عن إحدى هواياتك، أو أن تضطر للاستيقاظ باكراً لتذهب لإحضار الحليب للأطفال، أو أن تحتاج لمغادرة العمل باكراً لأن شريكتك تحتاجك، فليكن ذلك. الهدف هو خلق شراكة متوازنة.

الشعور بالأفضلية
عزيزتي أيمكنك إحضار زجاجة بيرة لي؟
أنا أعمل طوال اليوم
هذا عملك
هل العشاء جاهز
لدي الحق بأن أشرد قليلاً

الخطأ 2: الشعور بالأفضلية

تُعرّف المساواة بأنها حالة التساوي في المكانة والحقوق والواجبات. إذاً السؤال هو: هل لديك شعور بأفضليتك في العلاقة؟ إن كنت تجني المال أكثر من شريكتك، أتظن أن هذا يمنحك الحق في معاملة أفضل من التي تمنحها لها؟ أتعتقد أنك تعمل بجدٍّ أكثر من شريكتك وأنك تحتاج للراحة أكثر؟ أتعود شريكتك للمنزل لتجد نفسها أمام عمل آخر بدوامٍ كامل ألا وهو العناية بك؟

إن كانت شريكتك تهتم بكل الأشياء الرائعة التي تحبها وتعمل بجد للحصول عليها، ولم تكن تعاملها بالمثل، فعلى الأرجح أنك تستخف بها. لكنْ من منحك الحق بالتملّص من العناية بشريكتك بطريقة مساوية لعنايتها بك؟

هل تحدث بينكما جدالات حول علاقتكما أكثر مما يمكن لأي منكما تحمله؟ إن كان هذا ما يحصل، فعليك الغوص عميقاً في أسباب الجدالات التي تجري بينكما. هل تتعلق بالإسراف في إنفاق المال؟ أم بغيابك الدائم عن المنزل؟ أم عدم مساهمتك في أعمال المنزل؟ في الحقيقة عليك ألّا تكتفي بالنظر إلى جدول أعمالك بل لا بدّ أيضاً أن تنظر إلى جدول أعمال شريكتك. إن أمضت شريكتك أسبوعاً طويلاً في العمل، عليك تولي المزيد من المهام المنزلية. إن كنت تعمل لساعات أطول، على شريكتك أن تقابلك بالمثل. إن كانت شريكتك تمضي أسبوعاً مرهقاً في العمل ثم تعود إلى المنزل لتقوم بمعظم المهام والنشاطات المنزلية، هذا ليس عدلاً. إنه شعورك بالأفضلية، وهذا يمثل مشكلة يجب التخلص منها.

فلنفرض أنك المعيل في المنزل. هذا رائع، لكن يبقى السؤال الأهم، هل تحترم شريكتك؟ هل تعتبر أنك المسؤول الوحيد عن اتخاذ كافة القرارات الهامة أم تعتبر أنها عملية يجب أن يشترك بها الشريكان معاً؟ إن كنت أنت من يتخذ كافة القرارات، فأين المساواة في هذا؟ كيف يكون هذا عادلاً؟ كيف يعقل ذلك؟ إن ظننت للحظة أنك المسؤول الوحيد عن اتخاذ القرارات الهامة، سينتهي الأمر بك مع شريكة ناقمةٍ عليك.

إن كانت هذه حالتك وكنت تظن أن شريكتك متقبّلة لهذا، عليّ أن أخبرك شيئاً. أنت تخدع نفسك. فجميع الشركاء يحتاجون أن يكون صوتهم مسموعاً وأن يعامَلوا باحترام. لا يتعلق الأمر بمقدار السلطة التي تملكها أو المال الذي تجنيه. فهذا لا يعنيهم. في المنزل، أنت مجرد شريك. وشريكتك تعرفك على حقيقتك مجرداً من الألقاب والمناصب. صحح الأمر فوراً، واحرص على إقامة شراكة متساوية بينكما.

أين العدل إن كانت شريكتك تعمل بجدٍ مثلك تماماً، ومع ذلك أنت مصرٌ على أن الأفضلية لك وحدك؟ أين الشراكة 50/50؟ تبدو هذه الشراكة كصفقة اتخذت منحىً سيئاً.

قد يكون ثمة عشرات الأفكار تدور في رأسك في الوقت نفسه. قد يكون العمل، أو مخططات نهاية الأسبوع، أو كرة القدم، أو الجولف، أو ضغوطات عائلية. أنت مشغول لدرجة أنك لا تستطيع النظر إلى إحصاءات لعبتك الرياضية المفضلة إلا عندما تكون في الحمّام. تعود من العمل إلى المنزل، وكل ما ترغب بفعله هو أن تسترخي. تستلقي أمام شاشة التلفاز، وتطلب من شريكتك أن تحضر لك قارورة بيرة، وتشعر بأنك تستحق هذا الوقت للاسترخاء دون أن تلاحظ وجود شريكتك أصلاً. حقاً؟

خذ المبادرة: كن عادلاً

في المرة القادمة التي تعود فيها إلى المنزل، ابحث عن شريكتك وقبّلها وقل لها شيئاً لطيفاً، واجعل هذا الفعل عادةً تتبعها كلما عدت إلى المنزل. جميعنا نحظى بأيام جيدة وأخرى سيئة. احرص دائماً على الإصغاء لشريكتك وهي تتحدث عن يومها. وإن شعرت أن يومها كان سيئاً، أبدِ اهتماماً صادقاً بها ودعها تستلقي على الأريكة بينما تهتم أنت بشأن العشاء والأطباق.

استفد من أيامك الجيدة وتولّ كل الأعمال - الطبخ، والتنظيف، وغسيل الملابس، وشراء البقالة. إن كنت لا تجيد القيام بهذه المهام، اذهب إلى YouTube وتعلّم القيام بها. أنا مؤمن بك! أشعر بالصدمة حين أسمع شخصاً ذكياً يقول إنّه لا يجيد استعمال المكنسة الكهربائية أو غسالة الصحون، بينما يدّعي أن لديه معلومات واسعة في كل الأمور الأخرى. المال ليس المفتاح لقلب شريكتك، بل المساهمة في أعمال المنزل وترتيب الفوضى هي المفتاح لقلبها.

الحل: شراكة متساوية

يجب أن تكون العلاقة عبارة عن شراكة متساوية. المساواة لا تعني أنك متساوٍ مع شريكتك في جميع النواحي. فهذا غير ممكن. إذ لديك مجموعة خاصة من المهارات وشريكتك لديها مهاراتها. تكون الشراكة متساوية عندما تدركان هذا الأمر وتتوافقان على توزيع المهام بناءً على مهارات كل منكما.

إن كانت شريكتك مميزةً في إدارة الأموال والضرائب، إذاً ستتولى هي هذه الأمور. إن كنت أنت أفضل في ملاحظة التفاصيل حول المنزل، اجعل هذه مهمتك. لكن كن عادلاً. إن كانت مهامك تستغرق ساعة واحدة ومهام شريكتك تستغرق خمس ساعات لتنفيذها، عليك أن تقوم بإحدى مهامها للحصول على المساواة. قوما بدراسة المهام المنزلية، كتنظيم النفقات والعناية بالأطفال وجميع النشاطات الأخرى التي تحتاجان للقيام بها في حياتكما لتستمر الحياة.

حددا الشريك الأنسب للقيام بكل مهمة، وقوما بتوزيعها اعتماداً على الوقت اللازم لتنفيذها واحرصا على أن تكونا متفقين على التفاصيل. وزعا المهام بناءً على مهارات كل منكما. قم أنت بمهامك، وشريكتك تقوم بمهامها. إذا تجاهلت مسؤولياتك وتوقعت من شريكتك أن تتولى كافة المسؤوليات منفردةً، فمن حق شريكتك أن تُضرب عن القيام بمهامها. وعليك أن تكف عن الأخذ وتبدأ بإعطاء المزيد.

إذا كنت مضغوطاً جداً في العمل وتحاول أن تدخل هواياتك أو متابعة الأحداث الرياضية ضمن جدولك المزدحم للأشهر المقبلة، عليك أن تخفف من هذه النشاطات لتخصص بعض الوقت لشريكتك. وفور انخفاض ضغط العمل، يمكنك العودة إلى هواياتك ورياضاتك مع الحرص على تخصيص وقت لشريكتك. تذكر دائماً أن تمنح الأولوية لشريكتك، ومن بعدها تأتي كل الأشياء الأخرى. لأنك إن خسرت يوماً عملك أو فاتتك إحدى المباريات أو قضيت ليلة سيئة خارج المنزل، ستكون شريكتك حاضرة في المنزل لمساندتك في أزمتك. ستكون معك في السراء والضراء.

التوقّعات الخاطئة
تأخرتُ لساعة ما المشكلة
اذاً، نسيتُ إخراج القمامة كفيعَ الصراخ
قلتُ أنّي سأقوم بذلك بعد المباراة
I'M SORRY SHE KISSED ME IT WASN'T MY FAULT
I WAS ONLY 3 hrs Late! WHAT'S THE BIG DEAL

الخطأ 3: أن تقول شيئاً وتفعل شيئاً آخر

كم مرة قلتَ إنك ستقوم بشيء ما لكنك لم تقم به؟ أتعد شريكتك أنك ستقوم بشيء ما ثم تنسى؟ كأن تقول أنّك ستحضر الأطفال من المدرسة ثم تتصل بشريكتك لتخبرها أنك نسيت أن اليوم كان حافلاً جداً ثم تطلب منها هي أن تقوم بذلك؟ برأيك كيف سيكون شعور شريكتك عندما تقول أنّك ستكون في المنزل وقت العشاء، لكنك تتأخر مرّة تلو الأخرى؟ أيّ نوع من الشك والضغينة تزرع في قلب شريكتك وعقلها؟

ماذا عن المرات التي تقول فيها إنّك ستفعل شيئاً ثم تنسى القيام به؟ لقد كنت تعني ذلك عندما قلته، لكنك تركت نفسك عرضة للتشتت والنسيان، مفضّلاً تلبية حاجاتك بدلاً من الوفاء بالعهد الذي قطعته على شريكتك. هل فكرت يوماً أنّ هذا يمنح شريكتك إحساساً زائفاً بالأمل؟ ما الذي ستشعر به شريكتك؟ خيبة الأمل؟ الحزن؟ الغضب؟ أم الذعر؟ هل ستعتقد شريكتك أنك تكذب عليها وتتلاعب بها وتخون ثقتها؟ أتظنها ستثق بك بعد الآن؟ ساعدني في الإجابة عن هذا السؤال: ما الذي عليها أن تشعر به؟ ما الذي كنت ستشعر به لو كنت مكانها؟

في كل مرة لا تقوم فيها بتنفيذ ما وعدت بتنفيذه، تجعل شريكتك تشعر أنها مهملة. أياً يكن ما كنت تقوم به، لا يمكن أن يكون أكثر أهمية من إيفائك بوعودك. في العلاقات التي يكون فيها أحد الشريكين مسؤولاً عن البقاء في المنزل والاعتناء بشؤونه، قد يسبب هذا الكثير من الغضب والغيرة. إذ سيبدو أنّك لا زلت تملك من الوقت ما يكفي للخروج والاستمتاع بوقتك وفعل الأشياء التي تحبها. بينما تقتصر حياة شريكتك على البقاء في المنزل وإدارة شؤون العائلة، دون أي وقت مخصص لنفسها، للمرح أو الاستمتاع بصحبة الأصدقاء؟

خلاصة القول: هل تشعر شريكتك بالأمان في علاقتها معك؟ هل تمنحها شعوراً بأنّ ما يجري في حياتك أكثر أهمية منها؟ إن شعرت شريكتك بالجفاء تجاهك، ستتغير مع مرور الوقت لتتحول إلى شخصٍ لا تعرفه أصلاً. وسيختفي الشخص المرح المحب الحنون الذي وقعت في غرامه. وسينتهي الحب الذي تشعر به تجاهك في سبيل حماية نفسها من التعرض للأذى.

يؤثر هذا النوع من التعامل على نظرة الشريك لنفسه. فالشخص الذي لا يشعر بأنّه محبوب قد يهمل نفسه، كما أن تعليقاتك عن مظهر شريكتك أو وزنها أو أنها لا تعتني بمظهرها أبداً ستؤثر كثيراً على نظرتها لنفسها. فقد تشعر أنّها عجوز أو زوجة ليست جميلة بالقدر الذي كانت عليه يوماً. بينما تدرك أنك في العمل محاط بنساء أصغر سناً وأكثر جاذبيةً، وهذا يجعل الأمور أسوأ بالنسبة لها.

أتعتقد أن التوقعات الخاطئة التي تجعل شريكتك تعقد آمالاً عليها قد تؤثر على صحتها الانفعالية؟ بدلاً من الشعور بالإحباط، عليك مساعدتها على الشعور بأنها محبوبة من خلال طمأنتها وتأكيد ذلك لها وقبولها وتشجيعها. هل وصلت شريكتك إلى مرحلة لم تعد تعبر فيها عن غضبها، لأنها تعلم أنها لا تستطيع الاعتماد عليك؟ هل أصبحت تعتقد أن من الأسهل لها أن تقوم بالمهمة بنفسها دون أن تحاول حتى أن تطلبها منك؟

أحد عواقب هذا الأمر على الشريك قد يأتي بعوارض صحية كزيادة الوزن أو الاكتئاب وقد ينجم عن ذلك تشكّل صورة متدنية للذات عند شريكتك. إذ تبدأ بالتوقف عن ممارسة الرياضة أو الجري أو دروس اليوغا أو إعداد الوجبات الصحية أو العناية بنفسها بأي طريقة أخرى.

في الحقيقة، عندما تكون متوتراً ومرهقاً، ستنخفض تلقائياً طاقتك الذهنية وإرادتك للقيام بالتغيير. عندما تكون إرادتك قوية ستستطيع مقاومة أشياء محددة لأنك تعرف أنها خاطئة. لكنك عندما تفتقر للإرادة نتيجة الإرهاق والتوتر، قد تأكل قالب الحلوى بمفردك دون أن تبالي، بل ستستمتع بذلك أيضاً. ربما ستكره نفسك في صبيحة اليوم التالي، لكنك لن تبالي كثيراً. عندما تختفي الإرادة، لا يمكنك النجاة. ولكن ما يبقى لديك هو محاولة ملء الفراغ والحزن المتراكم في داخلك، لأنك لم تعد تمتلك أي طاقة لاتخاذ خيارات أفضل.

خذ المبادرة: كن شخصاً جيداً

من واجبك أن تخفض من توتر شريكتك. وأن تفي بالتزاماتك تجاهها فيما يتعلق بالمتطلبات الأساسية للحياة. في المرة القادمة التي تخبر شريكتك أنك ذاهب لتنظيف المرآب، أو طلاء غرفة الأطفال، أو إصلاح السيارة أو إصلاح أرضية الشرفة، قم بذلك فعلاً. ركز على الأمر ولا تدع شيئاً يلهيك عنه إلى حين انتهائك منه.

فكر بكل الأشياء التي قد تسبب التوتر في الحياة. أصغ لما تقوله شريكتك عما يتسبب لها بالتوتر. ولا تكتفِ بالكلام. عليك أن تصدقها وتساعد على تخفيض مستويات التوتر لديها.

أن تكون شريكتك سعيدة هو أمر يحتل المكانة الأولى بين أولوياتك. ثم يمكنك بعدها أن تخرج لتلعب الجولف أو للتسكع مع الأصدقاء. عليك ترتيب أولوياتك، وستحظى باهتمام إضافي من شريكتك وسيسعدك ذلك.

تذكر، عندما تقول أنّك قادم إلى المنزل في وقت محدد، عد إلى المنزل في ذلك الوقت. وفي حال كان هناك تضارب في بعض المواعيد، عندها عليك الاختيار بين أن تحظى بحياة سهلة أو صعبة. لمَ قد تختار أن تعاني من مشاكل أكثر مما تعاني منه بالفعل؟ عليك أن تنتبه للوقت وتسرع بالعودة إلى المنزل كما وعدت.

الحل: شراكة آمنة

إذا التزمت بمواعيدك، كما وعدت، ستحظى بشريكة سعيدة. وستساهم في تكوين شريكتك قوية وواثقة. وسيمنحك هذا الحرية لفعل ما تريد فعله دون القلق من العواقب عندما تعود إلى المنزل.

فكر كم سيكون الأمر رائعاً عندما تقوم باستكمال قائمة المهام التي أبلغتك شريكتك أنك على استعداد لتنفيذها. فكر بالوقت الذي تمضيه في القيام بذلك كأنه عملية إيداع للنقود في المصرف. فأنت بهذا ستضيف رصيداً إلى حسابك، وكلما زادت إيداعاتك في المصرف، ستزداد الفوائد التي ستحصل عليها من شريكتك الممتنة. إذا كان رصيدك فارغاً، وتود أن تسحب منه، فستحصل على شريكة غاضبة. لكن إن كان رصيدك ممتلئاً، فيمكنك سحب ما تريده والاستمتاع بوقتك.

سمعت بعض الناس يشتكون من أن إتمام قائمة المهام التي تطوعوا للقيام بها هو عمل عديم الجدوى، إذ أن الشريك يستمر بإضافة المزيد من المهام. لكن هذا غير صحيح. إذ أن الشريك يستمر بالمطالبة بنفس المهمة مرةً تلو الأخرى إلى حين إتمامها من قبلك. فهي بالنسبة للشريك مهمة يجب تنفيذها ولن يكف عن المطالبة بها أو بما يشبهها من اللائحة إلى حين حدوث ذلك. وقد تعتبر إلحاح شريكتك المستمر على تنفيذك لهذه المهمة أمراً مزعجاً. إن كنت تظن أنه ليس بإمكانك إرضاء شريكتك أبداً، فأنت مخطئ. نفِّذ المطلوب وستلاحظ أن التذمر سيتوقف مباشرة.

ملاحظة على الهامش: لعلّك تكمل المهام التي تطلبها شريكتك، لكن تذكّر أن هذا منزلك أيضاً. وعندما تكمل هذه المهام سيمكنك أن تستمتع بمنزلك الجميل.

من المذهل أن الوقت الذي يستغرقه التفكير بالمهام ومحاولة التهرب منها، غالباً يكون أطول من الوقت الذي تحتاجه لتنفيذ المهمة. خلاصة القول: حاول أن تعتاد على إيقاف كل ما تقوم به عندما تطلب منك شريكتك المساعدة؛ لا تقل أبداً "سأفعل ذلك بعد دقيقة". انهض وافعله فوراً. وعندما تنتهي منه، عد لمتابعة ما كنت تقوم به. إذا عودت نفسك على القيام بالمهمة المطلوبة فوراً، لن تُسعد شريكتك وحسب، بل ستجد نفسك أيضاً قادراً على القيام بما تريد القيام به. فلن يتم تلبية احتياجاتك الأساسية إلا عند قيامك بتلبية احتياجات شريكتك الأساسية.

إنّ مقولة "لا تسأل، لا تخبر"
ليست خياراً مطروحاً في أي شراكة.

الأكاذيب والأسرار
أعلم أنك أخبرتني ألا أساعد أخي لكنّ المبلغ
احتاجت زوجتي السابقة للمساعدة ما المشكلة
كان عليَّ إخبارك أنني خسرت المال
الضجة التي تسمعينها خلفي هي صوت المباراة على التلفاز في العمل

الخطأ 4: الأكاذيب والأسرار

هناك نوعان من الأكاذيب: الأكاذيب البيضاء والأكاذيب الخطيرة. الأكاذيب البيضاء شائعة جداً، وتُستخدم عادةً للحد من المشاكل، أو لمنح شخص ما شعوراً جيداً. وهناك الكثير من الأمثلة عليها، مثل "تأخرت بسبب الازدحام المروري"، تقولها عندما تصل متأخراً إلى اجتماع بدلاً من الاعتراف أنك لم تستيقظ في وقت مناسب. "تأخرت بسبب انشغالي في العمل" وتستخدمها عندما تكون في الحقيقة تحتسي الشراب مع أصدقائك.

الأسرار والأكاذيب الخطيرة التي قد تغير مسار حياتك، من الصعب الإفصاح عنها بصدق، لأنك تخشى أن شريكك قد تتركك إذا علمت بأمرها. أتكلم عن الأشياء التي قد تدمر حياتك، كالإدمان أو عيش حياة مزدوجة. مهما ظننت نفسك بارعاً في إخفائها، إلا أنها ستنكشف ذات يوم بطريقة أو بأخرى. فالشركاء دائماً ما يلاحظون ويستنتجون الحقيقة. إذ أنهم يعرفونك ويعرفون عاداتك. لذا، عندما تطرأ أي تغييرات على شخصيتك أو عاداتك، فإنهم سيلاحظونها فوراً ويدقون ناقوس الخطر وتزداد حدة ملاحظتهم لأي تغييرات أخرى.

ترتبط الخصوصية ارتباطاً وثيقاً بمفهوم السرية. هل لديك مشاكل في وضع الحدود مع الأصدقاء والعائلة؟ هل تشارك معلومات خاصة حول علاقتك (سواء كانت جيدة أو سيئة) وتعتقد أن ذلك أمر مقبول؟ هل تخبر أصدقاءك عن حياتك الجنسية مع شريكة حياتك؟ يجب أن يكون لديك قواعد مع شريكتك حول ما يمكنك وما لا يمكنك مشاركته وكيفية مشاركته. يتضمن ذلك نشر الصور أو المعلومات على وسائل التواصل الاجتماعي.

هل لديك نمط حياة مختلف عن أسلوب حياة شريكتك؟ هل تحب الخروج إلى الحانات والتواصل مع الأصدقاء والعائلة؟ هل تستضيفهم طوال الوقت لو أمكنك ذلك؟ هل تحب أن تحكي قصصاً عن حياتك وأن تكون منفتحاً على كل شيء، بينما يحب شريكتك الإبقاء على بعض الأشياء بينكما حصراً؟

هل تبالغ في وصف إنجازاتك؟ هل تبالغ قليلاً في تضخيم الأمور وتجميلها حين تخبر قصصك للجميع؟ عندما تعتاد على المبالغة، قد يتحول الأمر إلى كذب وقد يجعل ذلك شريكتك يتساءل عما تكذب بشأنه أيضاً.

هل تبقي هاتفك معك أثناء العشاء أو في السرير وتستمر بإرسال الرسائل النصية؟ هل تقبل شريكتك عندما تتمنى لها ليلة هانئة أم تنشغل بإرسال آخر رسالة نصية لليوم؟ ألا تظن أن هذه المحادثات التي تقوم بها مع "الأصدقاء" عبر وسائل التواصل الاجتماعي أو تتبعك للإعجابات، ألا تظن أنها تقضي على الحميمية التي يجب أن تكون بينك وبين شريكتك؟

هنا يأتي دور تحديد القواعد والحدود والاستراتيجيات. ويجب أن تكون هذه الأمور متفَقاً عليها وأن يتم احترامها لتنجح الشراكة. إن خُرقت القواعد، فذلك سيؤدي إلى فقدان الثقة. من الغريب فعلاً كيف يمكنك أن تمضي معظم حياتك مع شريكتك دون أن تعرفها وتفهمها تماماً: قد لا تكتشف أبداً ما ينبض قلبه لها ما لم تضم معه وقتاً مميزاً خاصاً بكما، وتكون على تواصل جيد معها.

أتشعر أنك تحارب دوماً للحصول على حب شريكتك؟ ما لم تكن تتواصل مع شريكتك، قد لا تعرف أن بعض ردود أفعالها ناتجة عن صدمات تعرضت لها في الماضي. هذا النوع من الأسرار يقوم المرء بإخفائه في سبيل حرصه على أن يحظى بحياة طبيعية. إن كان أحدهم قد تعرض للإساءة في طفولته، فربما يدفن أحداث تلك المرحلة عميقاً لدرجة تصبح خفية عنه هو نفسه. وإذا لم تكن تلك المسألة قد عولجت من قبل، فربما تكون أنت من يدفع الثمن دون أن تدري.

خذ المبادرة: كن ملتزماً

عليك أن تدرك أن اكتشاف شريكتك إحدى أكاذيبك البيضاء أو إخبارك المبالغ فيها، قد يكون ذا أثر سلبي أكثر مما تتصور. وستعرف يوماً بأنك كنت تتلاعب بالحاجات الأساسية لشريكتك. وذلك سيدفع شريكتك للتشكيك بمصداقيتك ونزاهتك. وستبدأ باللوم حول الكذبة الكبيرة التي تخفيها ما دمت قادراً على الكذب بشأن الأمور الصغيرة. كما أن إخفاء أجزاء من الحقيقة سرعان ما قد يؤدي إلى فقدان الثقة. تؤمن شريكتك وتريد أن تصدق دوماً أنك الشريك الصادق الذي تثق به وتعتمد عليه. لن يدمر الخداع نقاء العلاقة وحسب بل قد يدمر العلاقة برمتها. هل أنت ناضج بما يكفي لتعترف بأنك مخطئ وتعتذر وتطلب السماح عندما ترتكب خطأً ما؟

الحل: شراكة مبنية على الثقة

إن الأكاذيب البيضاء تشكل سبيلاً لإخفاء الأسرار أو حتى إخبار أكاذيب أكبر. لذلك قد تنفعل شريكتك بشكل ٍكبير عندما تضبطك وأنت تمرر إحدى كذباتك هذه، بينما تظن أنت أنها تبالغ في ردة فعلها. لا يمكن لشريكتك أن تصدق أنك ظننت أنه يمكنك الإفلات بهذه الكذبة. تمضي شريكتك الكثير من الوقت لتصبح خبيراً في معرفة حقيقتك. لذلك، عندما تكذب ستستشعر شريكتك الأمر. قد لا ترغب بتصديق أنك تكذب أو لا تود مواجهتك، لكنها تعرف الحقيقة.

عندما تتضعضع الثقة، يصعب إصلاحها كما لو أنك تحاول إعادة أوراق للزهرة. قد تستطيع إلصاقها لكن الزهرة لن تعود يوماً كما كانت.

وكلما زادت شكوك شريكتك، ستجد نفسها مضطرةً لملاحقتك واستجوابك. وسترغب بمعرفة أماكن تواجدك أو تفقد هاتفك وبريدك الالكتروني. عندما تستثير في شريكتك حاجةً للثقة بك لسبب أو بآخر، تذكّر أنك أنت تسببت بانعدام ثقته بك.

إذا تغيرت وأصبحت ملتزماً، هناك طريقة سريعة تستعيد من خلالها بعض الثقة التي فقدتها. عليك أن تكون كتاباً مفتوحاً، وسأتوسع بالشرح حول ذلك في الفصل 6. امنح شريكتك الشعور بالأمان. أبلغها بمكانك في كل الأوقات، وأتح لها الوصول إلى هاتفك وكلمات المرور خاصتك. وعليك أن تفهم أن الأمر سيحتاج بعض الوقت - ربما سنوات - أو أنك خسرت حقك في الحرية التي كنت تمتلكها في علاقتك. قد تجد ذلك صعباً، لكن الصراحة ستحررك.

ما المرحلة التي تمر بها
علاقتك الآن؟
التأقلم
عدم الاحترام
عدم التوافق
الأنانية

الفصل 3: المراحل الأربعة التي تمر بها شريكتك خلال روهدت العلاقة ابحث في أعماقك قبل أن تتهم الآخرين

الآن أصبحت تعرف الأخطاء التي دق دوقت علاقتك بعيداً عن مسراها السليم. يمكنك أن تتسبب بخروج علاقتك عن السيطرة إذا أهملت احتياجات شريكتك، وجعلتها تبني توقعات زائفة، أو شعرتَ بالأفضلية، أو اختلقت الأكاذيب وكتمت الأسرار. وإذا اتخذت عادةً من أيٍّ مما سبق فستكون من يجبر شريكتك على حماية نفسها أكثر وأكثر من التعرض للألم وخيبات الأمل.

على شريكتك أن تحمي نفسها كي لا تفقد صوابها. إنها قدرة فعل تلقائية لديها عندما تشعر أنّه لا سبيل للخروج من هذه الدوامة. فيما يلي للتشكل مثالان سيساعدانك على فهم المقصود:

المثال الأول هو زر طغض (تفعيل وضعية التجاهل). يتقن الآباء تفعيل وضعية التجاهل مع الأطفال. عندما يكونون متطلبين أو يصرخون، يتعلم الآباء هذه التقنية (والإ سيفقدون صوابهم). من خلال هذه التقنية، تجد طريقة لتجاهل الجنون حتى تتمكن من الحفاظ على رزانتك.

المثال الثاني هو جدار الحماية. في كل مرة تخلف بها بوعدك، تحمي شريكتك نفسها بإضافة قطعة طوب إلى الجدار. وكلما زاد عدد الحجارة في الجدار، كلما قل احتمال تعرضها للأذى بسبب توقعاتها التي لم تقم بتلبيتها.

لقد رأيتَ شريكتك تضغط زر التجاهل كثيراً. عندما يكون هناك العديد من الأشياء التي تم إهمالها في المنزل. أو عندما تشتكي بشكلٍ مستمر من عدم قدرتك على إمضاء المزيد من الوقت مع أصدقائك لتحظى بمزيد من المرح.

عندما تقول أنّك ستفعل شيئاً ثم لا تقوم به، تضيف شريكتك لبنة إلى جدارها. وكلما زاد ارتفاع الجدار، قلّ اعتمادها على تنفيذك لما وعدت بتنفيذه. إذا كنت منتبهاً ستدرك أن تلك اللحظة التي تظهر فيها علائم الخيبة والاستياء على وجه شريكتك هي اللحظة التي يتم فيها إضافة قطعة طوب جديدة إلى الجدار.

يمكنني الآن الإجابة على سؤالك: إن كانت شريكتك تعيسةً معك، فلماذا تُراها تستمر معك؟ أولاً، لقد قامت شريكتك بتفعيل وضعية التجاهل للحفاظ على رزانتها. وثانياً، تشعر بالأمان خلف الجدار الذي بنته طوبة فطوبة.

عندما تكون العلاقة متوترة ومثقلة بهموم الحياة اليومية، قد تقود إلى الشجار والجفاء بين الشريكين. يحدث ذلك عندما تتكرر تلك المشاكل والهموم أثرها

على العلاقة وتجعل من الصعب عليك أن تحظى بحياة سعيدة. وفي المقابل
عندما تكون العلاقة رائعة، قادة التغاغضي عن بعض ضي العادات السيئة. أما
لشريكك. عندما تصحبك شريكك إلى مكان ما، هل تشعر أنه يتم التحكم في مضاعف
بك؟ وكأنك تخسر حريتك لفعل ما تريد؟ هل تفعل هذه المرحلة التي يتم فيها يصبح
رسم العلاقة محتوماً وجلياً، ألا وهو أن شريكك ستفقد صواباها.

بأطخ تتبكترا أنها أبأن فرارتعاعلاب بغرت لا كتكيرشرّن أنه هو السار الخبر كنك
باختيارها لك. فتظم لمتسمكةبآماآلا حول إمكانية الصلح وترميم التصاول
المنال. بعيد صار ذلك أن رغم دعطعة طريقية رائعة يبنكم بطني في العاطفي.

عليك الحفاظ على العلاقة كتقطرب متنوعة، كما تحافظ على الوقود في خزان
سيارتك. عندما يكون خزازان ممتلئاً، فكر بمقدار السعادة التي تصحص عليها
عندما تقفز إلى مقعد السائق. و تنظر إلى مؤشر الوقود لتجد دوقولا متاليا أي؟
إلى ملء وضع الامتلاء ما يعني أنك مستعد للانطلاق. ما الذي يحدث تاليا؟
يبدي ملء خزان مشكلة بالنسبة لك لأنه ممكنك الآن. الآن لكنكمكن التركيز الزيين
على على رومأ وحلمّ أخرى، أليس، سيليك؟مغر ذلك كلك، بعد مدة قصيرة جداً تنظر للمؤشر
لترى أنه ينذرك بأن الوقود على وشك النفاذ. لقد أهملتَ الانتباه للأمور
"أي؟ن تختفى الوقود؟!" وبدبي اذه أملوفا؟. يوم لك كم أمام تحدث التي
تسألتتسو كسأر زهت؟ة في كل فعلك لك في يه ما.

دوقولا نازخ تاقلاعلا انهبشم هيهبشتلا اذه قوسَ نع دعب،
سنرى أن هناك لحظة في أية علاقة يبذل فيها الشريكان قصارى جهدهما
لإسعاد بعضهما البعض. ضض. لكن له ترك أنك تتعامل مع كتاقلاعلا امك لتعامل
مع خزان الوقود افرغ، أي إنك تبذل لذلك جهد لإنجاح العلاقة عند امقرتبي
المؤشر من وضع النفاذ؟ هل تنتظر رظت تلك كنأ تبذل نإ أي؟ تايئايتان في لك
عام (أعياد الميلاد، الحب، ذكرى جاوزلا....) لتتصرف بطريقة رومانسية
وتظهر الحب والعاطفة لشريكك؟ اذه رمسلّمم به في هذه في هيسانسأساتابت لكن
شُعُرت أن تكون مميز زي في باقي أيام ما وتظهر الحقيقي هو أن تشعرك شخصص مميز في
السنة.

راض - ولو تتريت أن تلواح حاجة لك لذلب في فعل الأشياءيءا المتوقعة إكراضر
إلى خير بخرك أو مرورك مميزة ستكون بشراكئك هدية مميزة ستكون أنك تقد تعتقد إذا. اياداها
حين حلول المناسبة المناسبة موعد لحلول تأفن لم مفهوم المقصود بعد ما .بك؟ من ذن
كتم أصبح التي خيراتلا على التقوويم هو ما تحدد ددح كتم أن كيلعأن كون تهممّاً
سعادة شريككتك؟

لم لا تعتاد أن ألمت كنازخ حين يكون فصن مليئاً؟كئلتمم سيكون ديك مودأً
الكثير من الوقود لفعل ما تريد ولو نفذ يفنذ سيا من تراركتأبداً. سفبنن
طريقة، اذام ولو تألمّ كتقالعلا "خزان" عزوت هذه المبادارات عزوت هذه المبادارات
موي لك؟يوم كل لمليئة بالحب قتمسهما إلى تارادابمبات صغيرةرة قوم لك اهب أسبوعً أو؟ربر

ببساطة عليك ان تكون واعياً لوضع مؤشر الوقود الخاص بالعلاقة يومياً أو أن تتصرف بما يتوافق معه. وكيف تفعل ذلك؟ قم بالإطراء على شريكتك، وعانقها، وقبّلها عندما تستيقظ من النوم، أحضر لها القهوة في الصباح وأخبرها كم تحبها. وعندما تعود شريكتك إلى المنزل، احرص على أن يكون العشاء جاهزاً أو قم باستقبالها عند الباب بكأس من النبيذ بعد يوم عمل طويل. أحضر جليسة للأطفال لتعتني بهم، وقم باصطحاب شريكتك في موعد على العشاء. ولا تنسَ أن تفتح الباب لها.

تذكّر، ليس من الضروري أن تكون كل بادرة تقوم بها كبيرةً. بل يجب ببساطة أن تعكس حقيقة أنك كنت تفكر بشريكتك وسعادتها. فالفرق يكمن في التفاصيل الصغيرة.

أعرف أن لديك ملايين الأشياء تجري في حياتك، وفي بعض الأحيان قد تهمل علاقتك دون قصد. الكثير من الظروف ليست مسؤولية أحد. فهذه طبيعة الحياة. لكن يصبح الذنب ذنبك إذا تركت الظروف تؤثر بشكل كبير عليك وتقودك لأن تهمل علاقتك بشكل كلّي متناسياً أنها يجب أن تكون في أعلى قائمة أولوياتك. وبهذه الطريقة تبقي خزان الحب ممتلئاً. وعندما تكون على يقين بأنّ علاقتك بشريكتك تسير على ما يرام، ستخفف من قلقك وتوترك بشأن جميع الالتزامات الخارجية الأخرى.

إذا وصلت العلاقة إلى أدنى مستوياتها، ولا تزل ترغب باستمرارها رغم ذلك، فهناك طرق لتعيد العلاقة إلى مسارها السليم. ابدأ بنفسك. انظر في أعماقك قبل أن توجه أصابع الاتهام إلى أحد آخر. لا يمكنك السماح لعلاقتك بأن تصبح مليئة بالخلافات.

من طبيعة البشر الانشغال باتخاذ قرارات تحدد مدى تعلقك بشريكتك ومدى تعلقها بك بالمقابل. عندما تشعر شريكتك بالجفاء، تكون تلك بداية سير العلاقة نحو الأسوأ. إنها آلية دفاعية تلقائية تتضمن ببساطة قيام شريكتك بإعادة ضبط توقعاتها. وتؤدي عملية إعادة الضبط هذه إلى إطلاق المراحل الأربعة التي تمر بها شريكتك في محاولة منها لتحمي نفسها من هذه العلاقة على الرغم من أنها في طور الانهيار.

المرحلة 1: تتأقلم
المرحلة 2: تصبح أنانية
المرحلة 3: تجافيك
المرحلة 4: تصبح غير متوافق معها

العلاقة المثالية
تنشأ بين شخصين غير مثاليين
يرفضان التخلّي عن بعضهما البعض

التأقلم

يا عزيزتي سأقوم بذلك غداً أعدك
لا يمكنني الاعتماد عليك
16 OZ
8 OZ
4 OZ
بسرعة
تفعيل
إيقاف
مرحلة السلوك المعدَّل للحماية
الحفاظ على سلامتي العقلية
GONZALO

المرحلة 1: تتأقلم

تبدأ مرحلة التأقلم عندما لا يعود بإمكان شريكتك الاعتماد عليك للمساعدة. فتقوم بتعديل توقعاتها وتبدأ بالاهتمام بكل شيء بنفسها. وهذه المشكلة لن تتسبب منفردةً بانهيار العلاقة، لكنها إذا تكررت بنفس الوتيرة، فإنّ هذه الأمور الصغيرة تبدأ بالتضخم مثل كرة الثلج لتنتج عنها مشاكل أكبر.

لا تحدث حرائق الغابات من تلقاء ذاتها، فهناك دائماً شعلة تتسبب بإطلاقها. وحال انطلاق هذه الشعلة يمكنها أن تنتشر بسرعة. إن ظهور هذه الشعلة في حياتك بشكلٍ متكرر هو ما يتسبب بهذه الشجارات العنيفة التي تجبر شريكتك على إجراء تعديلات على العلاقة. عليك الحرص على أن تكون مجتهداً في تلبية طلبات شريكتك بخصوص الأمور الصغيرة. لقد صاغها سموكي الدب بأفضل شكل: “أنت الوحيد القادر على منع حرائق الغابات” وإن كنت قد وقعت بغرام شريكة لديها عادات سيئة في العلاقات، فأنت الوحيد القادر على منع علاقتك من التدهور.

إحدى طرق التأقلم الأخرى هي تهميشك كلياً. يمكن لشريكتك حجب السمع والبصر والرغبة في الرومنسية بضغطة زر. فلديها هذه الوسيلة. وإن كان لديكما أطفال فلا بد أنها تتقن استخدام هذه الوسيلة. إنها آلية تهدئة للذات منعاً من الانفجار.

قد تكون هذه الطريقة عبارة عن آلية للبقاء، لكن قد ينتهي بها الأمر بأن تبدو كشكل من أشكال التلاعب. عندما تتأذى شريكتك، فإنها تنسحب، قصداً أو دون قصد، وعادة يكون ذلك لأنها تشعر بالحاجة للدفاع عن نفسها. إن شعرت شريكتك بأنك أخطأت بحقها، فإنها قد تحرمك من الأشياء التي تستمتع بها، كأن تقوم باستخدام الحميمية كورقة ضغط لجعلك تعود إلى جادة الصواب. والأخطر من ذلك، قد تقوم بالخروج من العلاقة عاطفياً وجسدياً.

أناني
لا يمكنني إسعادك أبداً
الغضب
مشاكل التواصل
مشاكل العلاقات
كل شخص مسؤول عن نفسه
رحلة الشعور بالذنب

المرحلة 2: تصبح أنانية

يمكن تلخيص مرحلة الأنانية بمقولة "كل شخص مسؤول عن ذاته". تحاول حبيبتك تصحيح المشاكل في محاولة منها لإعادة السيطرة على الأمور. ويتحول الطلب المهذب من قبلها إلى طلب مصحوب بعواقب (أو حتى إنذارات نهائية) محددة مسبقاً في حال عدم تلبيته. إنها المرحلة التي تبدأ فيها بالاعتقاد أنك لا يمكنك أن ترضيها أبداً.

أتبدو هذه العبارة مألوفة بالنسبة لك؟ "ليس لدينا وقت للذهاب إلى منزل عائلتك في العيد القادم لذا ستذهب فقط إلى منزل أهلي." تشعر انه بدء مرحلة الأخذ بالثأر ويزعجك ذلك كثيراً. إنها طريقة لجعلك تفهم عواقب أفعالك.

قد يبدو الأمر وكأن شريكتك تتصرف بجنون، ولا يمكنك فهم السبب. إذ تتعامل معك بعدائية واضحة أو مضمرة. فتحاول أن تلبي حاجاتها، لكنها تمطرك بالطلبات المتنوعة أو تعلن لك أنها ليست بحاجة لمساعدتك على الإطلاق. لم يعد بإمكانك إرضاؤها، وتحس أنها غير عادلة وغير منطقية. وستمضي أيامك اليوم تلو الآخر تحاول أن تخمن كيف سيكون حالها في الصباح، هل ستكون مثل الوحش الأخضر "هالك: أم مثل أرنب الفصح؟ أو ربما تكون مثل "جليندا" الساحرة اللطيفة أو شقيقتها الشريرة؟

ما الذي بمقدورك فعله الآن؟ إذا تصديت لشريكتك ستبدأ بالابتعاد عنها جسدياً وذهنياً. الآن أصبحت أنت وشريكتك منعزلين. إنها آلية للنجاة. الانعزال وعدم الانخراط في العلاقة يصبح أهون الشرّين، بالمقارنة مع الشجار المستمر والمرهق. وعندما تنقطع سبل التواصل تماماً، تبدأ الأضرار طويلة الأمد بالظهور في العلاقة بشكل فعلي.

قلة الاحترام
أنا مستاء جداً
أتمنى لو لم نلتقِ يوماً
أكرهك
كفِّي عن الصراخ
كفَّ عن الشجار

المرحلة 3: تجافيك

إنّ مرحلة عدم الاحترام مرحلة رهيبة وبشعة. إذ تصبح فيها الجدالات خالية من الاحترام بتاتاً وتبدأ الشتائم والصراخ والإيماءات المسيئة بالظهور. في هذه المرحلة، انتبه إلى كل كلمة تقولها، إذ يتم تسجيلها كلها. وسيتم استخدام كل كلمة تقولها ضدك. قد تُظهر هذه المرحلة أسوأ ما فيك.

هل تصرّف شريكتك في موقف مع العائلة والأصدقاء بطريقة تجعلك تستخف تصرفاته، وتنشب بينكما بالتالي الحرب العالمية الثالثة، وتقلَ أشياء مسيئة لا يمكنك التراجع عنها؟ متى ما دخلت الكلمات المسيئة إلى العلاقة ستجد نفسك في هوّة عميقة يصعب الخروج منها.

في هذه المرحلة تبدأ بالتشكيك في العلاقة برمتها، وربما تستمتع بتخيل سيناريوهات الخروج منها. عندما يبدأ الاحترام المتبادل بالاختفاء من العلاقة، فقد يفتح هذا الباب لممارسات ذات طابع جنسي خارج إطار العلاقة الزوجية. كالتحديق إلى النساء، أو مغازلتهن.... هذه الأفعال غير المؤذية ليست خيانة فعلياً، لكنها ليست أشياء ترغب بأن تضبطك شريكتك وأنت تقوم بها.

الغياب التام للاحترام المتبادل غالباً ما يأتي مصحوباً بموقف من اللامبالاة. عندما يسيطر عليك الشعور باللامبالاة، بدلاً من الإسراع بمعالجة المشاكل في العلاقة فور حدوثها، فإن ذلك سيتسبب بتراكم هذه المشاكل.

لكن الشعور بالفشل ليس من طبيعتك. لا يمكنك الفشل. ستفعل أي شيء لتستعيد السيطرة على الأمور خصوصاً عندما تشعر أن كل الأمور خارج السيطرة. ويبدأ هذا بالحدوث عندما يتم تخطي التوقعات وخرق الحدود، وقد يكون المذنب هنا هو أي من الطرفين.

حتى في هذه المرحلة، ورغم الضرر الكبير الذي تسببتَ به، إذا بدأت بملاحظة مواضع خطئك والاعتراف بها وتقبل نتائجها، يمكنك إعادة الأمور إلى نصابها. أنت فقط تحتاج إلى أدوات مميزة لفعل ذلك.

غير متوافقَين
لا يمكننا الاتفاق على أي شيء
أنت تصرخين عليّ طيلة الوقت
أنت لا تحترمني
أكره الطريقة التي تعاملني بها
أنت مجرد رفيق سكن سيء
لماذا نحن معاً أصلاً؟

المرحلة 4: تصبح غير متوافق معها

عند وصولك إلى مرحلة عدم التوافق، ستكون قد وصلت إلى مرحلة يبدو فيها كل شيء كئيباً. إنها المرحلة التي لا يمكنكما الاتفاق فيها على أي شيء، وتبدأ بالتساؤل إن كانت شريكتك فعلاً هي توأم روحك. ويحصل ذلك عندما يكون الاحترام المتبادل قد غاب عن العلاقة منذ مدة طويلة. يصعب العودة من مرحلة عدم التوافق، لكن إذا تمسكت بالأمل وعمل الطرفين على إصلاح الأمور، يمكن إصلاح العلاقة. لكنها مرحلة خطرة قد تسمع فيها عبارات مثل "الحب وحده لا يكفي"

تبدأ في هذه المرحلة بالانغماس في أفعال مثل تناول مشروب مع حبيبتك السابقة، أو إقامة علاقة عبر الانترنت، أو حتى خيانة زوجتك. إنه تصعيد لعملية إنهاء العلاقة. تُغرق نفسك بالعمل والهوايات والرياضات. وبالمجمل، تقوم بأي شيء لتجنب شريكتك والجدال معها. إن بقاءك لوقت متأخر في مكتبك أو ذهابك في رحلات عمل فقط لتبقى بعيداً عن شريكتك، يجعلك مجرد رفيق سكن سيء.

على الرغم من ذلك، لن تدع الأمر وشأنه حتى يصل إلى أقصى درجات التطرف. يمكن لشريكتك أن تبكي أو تصرخ أو تتوسل منك التغيير، لكنك لن تصغي لها. وعندما تيأس شريكتك وتطردك وتنهي العلاقة، ستقوم معظم الرجال بالعودة لترجي السماح. عندها فقط تقرر أن تتغير لأنك تدرك فجأة أنك لا تستطيع العيش دونها.

أن تكون حاضراً دائماً وواعياً في علاقتك، يُظهر الاحترام ويرسخ التوافق في ذهن شريكتك. تذكّر، ليس خطأك أنك لم تكن تعرف هذه المراحل، ولكن الآن بعد أن بتّ تعرفها. سيكون الخطأ خطأك إن لم تتعامل معها بالشكل المناسب.

أساسيات العلاقات

الجزء 2: الخطوات الأساسية لإسعاد شريكتك

أربع مهارات للحصول على علاقة سعيدة

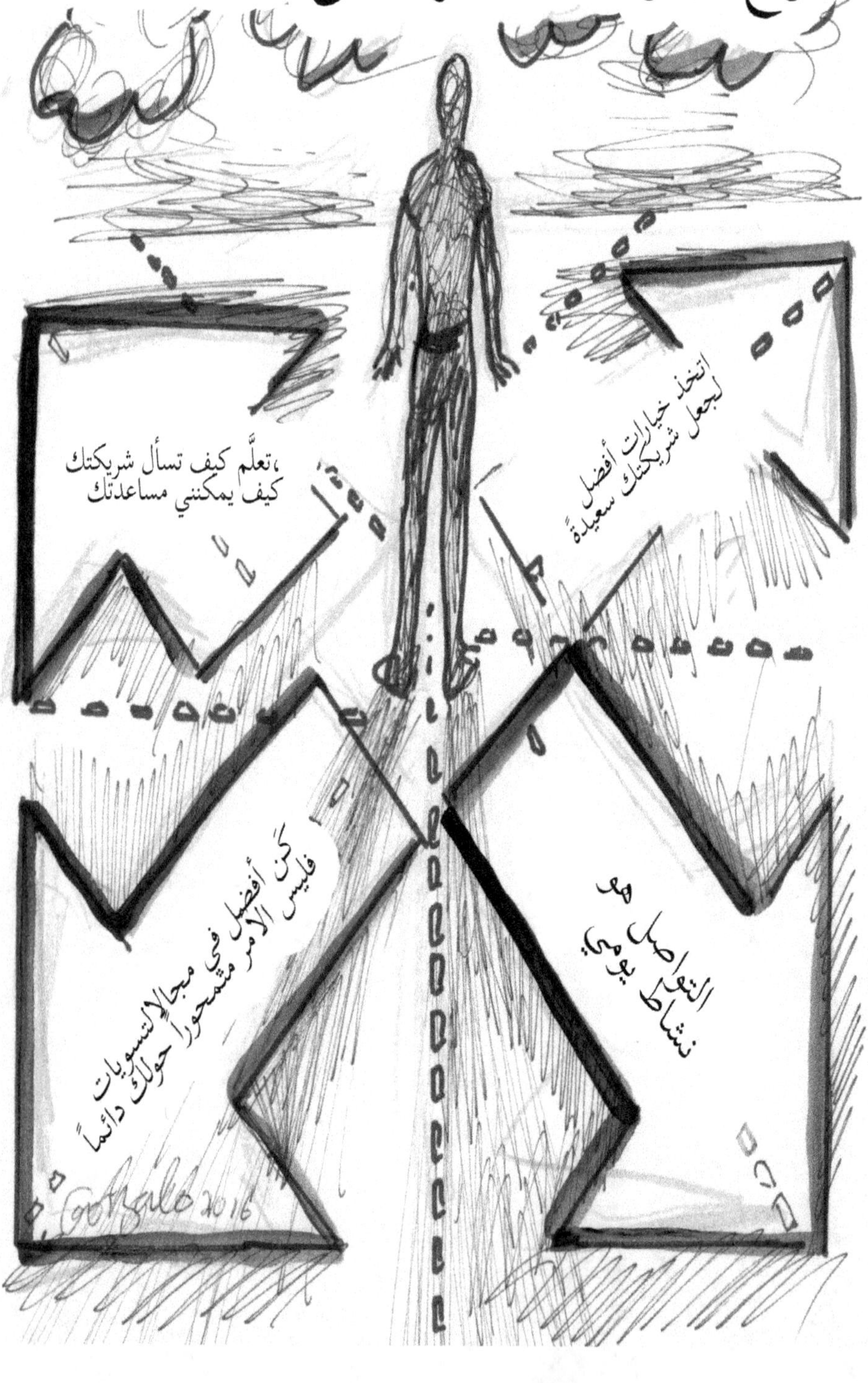

تعلَّم كيف تسأل شريكتك،
كيف يمكنني مساعدتك
اتخذ خيارات أفضل
لجعل شريكتك سعيدةً
كن أفضل في مجال التسويات
فليس الأمر متمحوراً حولك دائماً
التواصل هو

الفصل 4: أربعة مهارات لم تكن تعرفها من قبل للحصول على علاقة سعيدة

الشراكة هي عمل مستمر
كلما تعلمتَ أكثر، تصبح الحياة أفضل

ليس ذنبك أن أحداً لم يعلمك من قبل الطرق الأربعة الأساسية لبناء علاقة سليمة. إذا كنت تتخبط في الظلام، فذلك لأن أحداً لم يخبرك أين تجد زر تشغيل الضوء. إذا لم تستخدم أياً من هذه المهارات الأربعة، فسينتج عن ذلك توتر إضافي، يؤدي إلى علاقة لا يرغب بها أحد.

إليك المهارات الأربعة. التي إذا استُخدمت يومياً بشكل صحيح، فستجعل علاقتك وحياتك أفضل.

اطرح السؤال

لا يمكنك قراءة أفكار شريكتك. لكنك إذا كنت على انسجام مع شريكتك، تستطيع أن تعرف إن كان هناك خطب ما. لذا اسأل أسئلة على نسق "هل قمتُ بشيء بطريقة خاطئة أو ربما يمكنني القيام به بشكل أفضل؟" أو "تبدين شاردة الذهن. هل أنت غاضبة؟" هذه الأسئلة تقوي العلاقة وتجعلها متوازنة.

اتخذ خيارات جيدة

عندما يطلب منك شريكتك شيئاً، وتكون منشغلاً جداً لتنفيذه أو ربما تتجاهله وحسب، فهذا يخلق شراكة غير متوازنة. لذا، في المرة القادمة التي يطلب منك شيئاً - قم بتنفيذه.

التسويات

العلاقة فيها الكثير من الأخذ والعطاء. إذا كنت مصراً على مسألة ما وسايرتك شريكتك فيها، فسايرها في مسألة أخرى ودع الأمور فيها تسير على هواها.

التواصل

التواصل هو مفتاح أي علاقة ناجحة. إن إطلاع شريكتك على كل القرارات التي تؤثر على كليكما، هو أمر ضروري من شأنه أن يبني الثقة بينكما.

الهدف الرئيسي هو إبعاد التوتر عن شريكتك وعن علاقتكما، لتتمكن من العيش بسعادة. أتعرف ما هي وظيفتك الجديدة في الحياة؟ إنها إبعاد التوتر عن شريكتك وتخفيف الضغط عنها بأي ثمن. نعم، سأكرر كلامي مرة ثانية: عليك الحرص على ألا تشعر شريكتك بالتوتر أبداً.

ابدأ بتطبيق هذه المهارات الأربعة لإبعاد التوتر وتخفيف الضغط عن شريكتك. افعل ما يتطلبه الأمر. والآن فكر بما أطلبه منك ولماذا أطلبه منك! أحسنت، انتهى الدرس. يمكنك العودة إلى المنزل الآن، فور إنهائك لقراءة هذا الكتاب. لأنك كي تتأكد من أن شريكتك لن تشعر بالإجهاد والتوتر، ستحتاج إلى الوسائل التي سأطلعك عليها في نهاية هذا الكتاب.

اطرح السؤال
هل يمكنني أن أكون شريكاً أفضل
هل تحتا جينمساعدة
ما رأيك
هل أنت مسرورة
كيف ستتعامل مع عائلتي في المرة القادمة
ما الذي كنت لتغيّريه
هل تحبين أسلوبي في معاملة أصدقائك
هل تحبين أصدقائي
هل تعتقدين أننا نعامل بعضنا البعض باحترام
هل يمكننا أن نحترم الحدود فيما بيننا بشكلٍ أفضل
هل نحظى بوقت ممتع معاً

المهارة 1: اطرح السؤال

تساعد الأسئلة الناس على خوض محادثات بناءة. يحاول كل ثنائي، في بداية العلاقة خصوصاً، أن يفعل ما يعتقد أن الطرف الآخر يريد منه فعله، لكن معظم الناس لا يجيدون التخمين. فالشركاء الذين يظنون أن بإمكانهم قراءة أفكار شركائهم، غالباً ما يكونون في الحقيقة يخدعون أنفسهم

إليكم السر بهذا الشأن: أتعرف كيف يمكنك إدراك إن كانت شريكتك تشعر بالجفاء تجاهك؟ ستجدها لا تتكلم ولا تضحك، وتكون سريعة الغضب، دون أن تعرف أنت السبب الكامن وراء ذلك. وعادة تقوم بمنحها مساحة لتنفس عن غضبها ثم تمضي قدماً. لكن عليك في هذه الحالة أن تسألها: "ألديك دقيقة؟ أود أن أسألك سؤالاً. أريدك أن تكوني بأفضل حال، ولا أعلم ما الخطأ الذي ارتكبته بحقك. والأهم من ذلك، أنني أود أن أعرف كيف أصحح خطأي." دع شريكتك تبوح لك بمكنونات قلبها، ثم أكد لها أنك ستتخذ خيارات أفضل في المستقبل.

أحد أبسط الأمثلة هو عندما يكون أحد الشريكين بحاجة لوقت خاص به أكثر من الآخر. إذ قد ينشئ هذا صراعاً مريراً، لأن الشريك قد يفكر بينه وبين ذاته إذاً إنه لا يود أن يكون بقربي، وهذا معناه أنه لا يهتم بأمري. بينما في الواقع قد يكون الطرف الآخر معتاداً على أن يحظى بوقت خاص به، ولا يدرك أثر ذلك على مشاعر الشريك. بطرح الأسئلة تنتهي الحيرة ويصبح كل شيء واضحاً..

حان الوقت لتطرح أسئلة من نمط "هل تشعرين أن علاقتنا متوازنة؟" و"أتشعرين بالأمان معي؟" أو "أتعتقدين أن هذه الشراكة عادلة؟" والسؤال الأخير هدفه معرفة إن كانت شريكتك تثق بك أم لا. والآن حان الوقت للاستماع إلى الإجابات. ركز جيداً وأصغ بعناية.

عليك إذاً طرح الأسئلة لتساعد شريكتك على التعبير عما يجول في ذهنها بصوت مسموع. لكن كل سؤال يجب أن يجيب على السؤال المحوري: كيف يمكنني أن أكون شريكاً أفضل لك.

اتّخاذ الخيارات

سأساعدك في الأعمال المنزلية

سأكون بجانبك طيلة العطلة الأسبوعية

سأحرص على إنفاق المال بشكل مسؤول

المهارة 2: اتخذ خيارات جيدة

كل فعل نقوم به هو خَيار.

إن حاولت يوماً اتخاذ قرار مع شريكتك ستدرك مدى صعوبة الأمر. لماذا يبدو الأمر صعباً لهذا الحد؟ عندما كنت عازباً، كنت تتخذ القرارات بمفردك. ولم يكن الأمر يتطلب إلا تأكيدك للقرار لأن أثره على الآخرين كان محدوداً.

من المنطقي أن جودة القرارات التي نتخذها هي التي تحدد دورنا في العلاقة، وتؤدي إلى إنجاح أو فشل العلاقة. تذكّر أن تضع احتياجات شريكتك أولاً. عندما تقوم بذلك ستكون على المسار الصحيح للحصول على علاقة سليمة. تذكّر أن كل تصرفٍ تقوم به هو خَيار.

سواء كنتما تتخذان القرارات سوياً أو تحسبان حساب أثر خياراتكما على الآخر، فإن القرارات التي يمكنك اتخاذها بمفردك معدودة. إن كان أحد الشريكين أو كلاهما يتخذ القرارات دون أي حساب لأثرها على الآخر أو مناقشتها معه، سيلحق الضرر بالعلاقة عاجلاً أم آجلاً. أعرف أن اتخاذ القرارات هو شيء نقوم به بشكل مستقل، لكن ضمن العلاقة يجب أن يتم اتخاذها بموافقة الطرفين. إذ أنك قد تجرح مشاعر شريكتك عندما تتخذ قرارات دون أن يكون لها علم بها.

لكن حين تتناقش مع شريكتك في القرار فذلك لا يعني أن تستأثر باتخاذ القرار وحدك. دع شريكتك تتخذ خياراتها واحترم تقديراتها وحكمها. امنحها حرية التجربة لتنال النجاح أو الفشل، فكلاهما مفيدان. وأنت أيضاً، عليك أن تظهر لشريكتك أنك قادر على اتخاذ قرارات جيدة بمفردك.

التسوية

التسوية
الشريك
هو الأهم
إن يكون لك
راي تعبر عنه
وتتبعه. لا يتعلق
الامر بك دوما

المهارة 3: التسويات

التسويات هي عبارة عن تقديم تنازلات للوصول إلى نقطة توافق مع الشريك. في مرحلة ما من العلاقة، ستختلف مع شريكتك في الرأي أو الأسلوب أو التطلعات. لكن التسويات، إن تم القيام بها بشكل سليم، ستساعدك أنت وشريكتك على التطور كفريق. فهي تعزز الثقة والمسؤولية والاستمرارية والأمان في العلاقة. كما تضمن أن لديكما هدفاً مشتركاً وهو الحصول على علاقة جيدة.

إليك مهارةً عليك اكتسابها: عندما تحاول أن تتخذ قراراً صعباً، تأكد من أن كبرياءك لن يقف في طريق اتخاذك للقرار السليم. وكن على ثقة بأن طريقتك ليست هي الطريقة الوحيدة المجدية. كل ما أطلبه منك هو أن تعيد النظر بطريقة التفكير هذه وتتفحص جدواها بالنسبة لك. هل سيكون تنفيذك لرغبات شريكتك أسوأ شيء يمكن أن يصيبك؟ لاحظ في معظم الحالات أن خيارات شريكتي صائبة وأفضل من خياراتي.

لا يمكن تفادي المشاحنات والشجارات في أي علاقة، لكن بوسعك البحث عن أفضل لغة للجدال. ويُستحسن أن تكون لغة ملؤها الحب. إن احتاجت شريكتك للبقاء بمفردها بعد النقاش معك بأحد المواضيع، احرص على أن تعود في وقت لاحق للكلام معها. إذا شعرت أنك تعطي أكثر مما تتلقى، أو بدأت تشعر أن تسوياتك أقرب إلى التضحيات من كونها تنازلات، فربما يكون قد حان الوقت لتعيد النظر في الضوابط والحدود، وإلا قد تقع في حالة السعي لإرضاء الآخرين.

ستحتاج وقتاً لإتقان مهارة التسويات. لا تدع شريكتك تصل إلى مرحلة تشعر فيها بالاستياء الشديد وتحس بأنها تقوم بكل العمل، أو أنك أصبحت غير معني بأي شيء. من الأفضل لك أن تعود للانخراط في العلاقة. وتذكّر أنه لا بأس إن قلت "أنت على حق، أنا مخطئ"

تواصَل

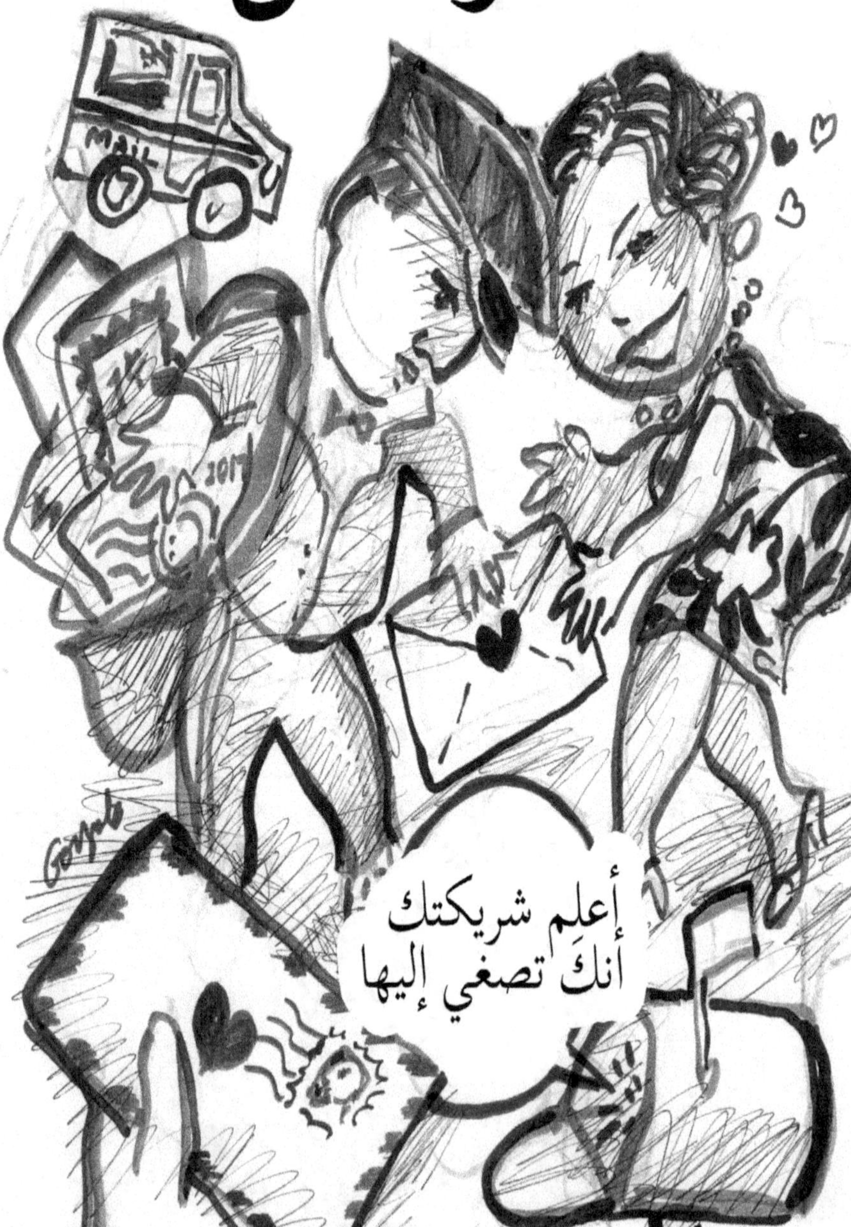

المهارة 4: التواصل

يبني التواصل الفعال مع شريكتك الاحترام المتبادل بينكما. الفكرة بسيطة: الناس حساسون بطبيعتهم. ويمكنهم أن يلاحظوا أي شيء بسيط عندما يكون ثمة خطأ ما يحصل. لذا فإن التواصل يعزز الاحترام. إذ يرفع الغموض عما تفكر به شريكتك. كما يساعد على بناء الثقة وتفادي سوء الفهم. ويسمح للشريكين بدعم بعضهما البعض. كما يساعد على تنمية الحب ويحسّن مزاج شريكتك.

في المرة القادمة التي تنطلق فيها لخوض نقاش صعب في موضوع محدد، احرص على أن تكون مستمعاً جيداً مهما كان الأمر صعباً. سيحتاج الأمر لمجموعة من المهارات المعقدة المترابطة. أصغ جيداً، واظهر حسن استماعك من خلال تكرار ما تقوله شريكتك بكلمات مختلفة. مثلاً "أدرك أن من المهم أن ندخر المال، لذا سأقوم بمراقبة مصاريفي" و "أفهم أنك تشعرين بالوحدة عندما أعمل لوقت طويل، لذا سأحاول العودة إلى المنزل في وقت مبكر كلما أتيحت لي الفرصة"

حافظ على تواصلك مع شريكتك هنا من خلال حركات بسيطة كالتقاء النظرات، أو إمساك اليدين، أو الإيماء بالرأس. فهذا يُشعرك أنت وشريكتك أنكما زميلان في فريق دون أن تكونا متخاصمين. ضع حاسوبك وهاتفك المحمول جانباً عندما تخوضون نقاشاً مهماً. كما يمكنك أن تحدد "كلمة أمان" لتأخذ استراحة من النقاش.

إليكم سراً. إن منحتم شريكتكم عشر دقائق في نهاية كل يوم لتنفس عن مشاعرها. فهذا يسمح لها بالتعبير عن مشاعرها ويفتح بينكما قنوات للتواصل الإيجابي. تذكّر أن المجاملات قد تدمر العلاقة خلال مدة قصيرة. فلو طلبت منك شريكتك القيام بشيء وشعرت أنه ليس عادلاً، احرص على التعبير عن نفسك ومشاركة أفكارك معها. تكلم مع شريكتك، وتواصل معها حتى تستوعب ما تفكر به. ومن ناحية أخرى، في حال تماديك بالدفاع عن أفكارك تذكّر أنه لا بأس إن قلت "أنت على حق، أنا مخطئ"

ليس خطأك أنك لم تتعلم
يوماً ما تحتاجه للحصول على علاقة سليمة.
لكن، بعد قراءة هذا الكتاب،
ليس لديك أي عذر

حاجاتك
ألعاب
أصدقاء
وقت خاص بك
الرّاحة والاسترخاء
مشاهدة التلفاز
عطلة
ممارسة الهوايات
Goyalo 2016

الفصل الخامس: لديك احتياجات يجب احترامه لتكون سعيداً مع شريكتك وهي:

أنت الصخرة
التي تستند عليها أساسات علاقتك

في هذا الفصل ستتعرف على الحاجات الأربعة التي يتوجب على شريكتك مراعاتها واحترامها لكي تكون سعيداً معها. وفي حال عدم تلبية إحداها فإنك لن تكون سعيداً. متى أخبرت شريكتك باحتياجاتك؟ هل تعلم أصلاً بوجود هذه الاحتياجات؟

أريد منك أن تتخيّل أنك الأساس الذي يبنى عليه الجسر الذي يمثل علاقتك، أو ما نسميه الصخرة، تذكّر أنك الصخرة التي ترتكز عليها أساسات الجسر.

في الفصل التالي، ستتعرف على الاحتياجات الأربعة لشريكتك. عليك النظر الاحتياجات شريكتك هذه على أنها الأعمدة التي تحمل الجسر والتي تدعمها الأساسات. وهذه هي المكونات الأساسية للجسر.
فإذا كانت الأساسات متضعضعة كذلك ستكون الأعمدة، أما إذا كانت الأساسات والأعمدة متينة، سيكون جسرك متيناً أيضاً. فعندما تلبي كل حاجات شريكتك، تكون قد أسست جسراً متيناً يربط بينكما. وعندها فقط سيحترم الشريك احتياجاتك الأربعة ويدعمها.

قد تجد اختلافاً كبيراً بين الحاجات والرغبات التي تنشدها من الشريك. الحاجات هي المتطلبات الضرورية كالهواء والماء، بينما الرغبات هي الأمور التي تريدها. من السهل حقاً أن يتم الخلط بين الحاجات والرغبات المطلوبة في العلاقة.

إن تلبية رغباتك قد تكون مهمة بقدر أهمية تلبية احتياجاتك. فقد تعتبر أنّك تحتاج للإنفاق بإسراف على لعبة ما أو شراء شيء خاص لك كنت تدخر المال من أجله. في الحقيقة أنت لا تحتاج فعلاً لهذا، ولكن أموراً كهذه هي ما تجعل الحياة جديرة بأن تعاش. حين تحاول الكسب من أجل دفع الفواتير ورعاية الأطفال والمساهمة في الأعباء المنزلية والاهتمام بشريكتك فهذه حاجات ضرورية. لكن بالمقابل، سيكون من المحبط جداً بالنسبة لك أنك وبعد هذا الجهد كله ستجد أنك لا تحصل على حاجاتك أو رغباتك.

الغاية إذاً هي أن تتيح لك شريكتك الحصول على رغباتك. وهذا يتحقق فقط في حال تمت تلبية احتياجاتها جميعها. فهذا متوافق مع الطبيعة البشرية والمنطق السليم. الحاجات هي أمور ضرورية وأساسية بالنسبة للجميع. ومن هذه الحاجات حاجتك للشعور بالأمان، وللنجاح، أو لتكون سعيداً بالعلاقة. أيضاً هناك حاجة لتكون في علاقة مع شريك مرح ومُحب. عندما تتمكن من التفريق بين الرغبات والحاجات، أقترح أولاً بأن تركز على الحاجات. وبعدها يمكنك أن تبلغ شريكتك برغباتك، ولا تنسَ، أن لشريكتك رغبات أيضاً.

في الواقع، تصبح الحياة رائعة عندما تلبى حاجاتك ورغباتك معاً. وفي معظم الحالات تكون علاقتك بالآخر سليمة وقتها. ففي سبيل تلبية رغباتك جميعها عليك الحرص على أن تكون قد لبيت كافة حاجات شريكتك.

دعونا نعود إلى ما ذكرناه حول تشبيه العلاقة بالجسر. سبق وقررنا أنك تمثل الأساسات لهذا الجسر. بقي الجزء الأخير من الجسر وهو الكَمَرات الداعمة التي ترتكز على الأعمدة. هذه الكَمَرات تمثّل المشاكل اليومية والتي يمكنها أن تتسبب بارتجاج الأعمدة وهز الأساسات. في الفصل السادس ستتعرف أكثر إلى هذه الحالة.

فلنتعمق أكثر في الأمور التي تسعدك. بعض هذه الأمور قد تكون مناسبة لك بينما قد لا يناسبك بعضها الآخر. افعل ما يناسبك وحسب. فيما يلي أورد تصنيفاً للحاجات الأربعة الأساسية للإنسان.

الحاجة 1: ما أحبه
الحاجة 2: ما لا أحبه
الحاجة 3: ما لا أجيده
الحاجة 4: ما أكرهه

عندما تُفهَم هذه الحاجات الأربعة وتُراعى، ببساطة أنت ستصبح سعيداً.

أنت تعرف
ما الذي يسعدك

الحاجة 1: الأمور التي أحبها

تشير أولى الحاجات إلى الأمور التي تسعدك في هذه الحياة. حاجتك للأشياء التي تحبها هي ما تجعل حياتك جديرة بأن تعاش، وهذا يمنحكم الشعور بأنكم حققتم غايتكم في هذه الحياة. إذا كانت شريكتك تقدّر الأمور التي تحبها، ستحلو الحياة كثيراً. وإن لم تُقدّرها، ستغمرك مشاعر الانزعاج والغضب على شريكتك.

فيما يلي بعض من الأمور الشائعة التي تندرج ضمن قائمة الأمور التي أحبها:

الشعور بأنك مرغوب ومطلوب: يمكن لحاجتك للشعور بأنك مرغوب ومطلوب أن تتجلّى بعدة طرق. كأن تتلقى إطراءً من شريكتك، أو تمرر يديها على شعرك في طريق العودة للمنزل... ولن يضرك لو أظهرت بعض الاهتمام أيضاً. عليك الاهتمام بالآخر لتحصل على الاهتمام منه بالمقابل. كم هو جميل أن تخبرك شريكتك "بأنك رائع" لأنها تجدك رائعاً حقاً. والأفضل من ذلك حين تخبرك بأنها تريدك.

الصحبة: تتمثل في حاجتك لشريك مرح ومُحب، يمكنك أن تعتبره أفضل أصدقائك وتمضي الوقت برفقته. شخصٌ تستمتع بقضاء كل الأوقات معه. الشريك الذي يحبك كما أنت. هكذا تكون الشراكة بين شخصين لا ينفصلان أبداً.

المنافسة: يتسبب اندفاع الأدرينالين في الجسم في الشعور بحاجة لخوض المنافسات وتحقيق الفوز، سواء أكنت تخوض مباراة مع أصحابك أم كنت تشجع فريقك وحسب. ففكرة الفوز هي التي تتسبب بهذه الحماسة. ومن ثم يأتي الإندورفين، يا للروعة! إنه يمنحك نشوةً طبيعية تشعرك بأنك على قيد الحياة. ولكن لا تدخل في منافسات مع شريكتك... تلك فقط نصيحتي.

إصلاح الأشياء: سواء أصلحت الأمور بالقول أو بالفعل، سيجعلك ذلك تشعر بالرضى. ستشعر ببعض الغرور عندما تفعل ذلك، لقد أحسنت صنعاً! حتى لو لم يكن لديك أدنى فكرة عما قمت به فإنك ستشعر بالرضى بكل الأحوال. ما هو مطلوب هنا هو الاستحسان والمديح فقط.

المسامحة: إن الحاجة للمسامحة جوهرية فبدونها سنظل غاضبين. أن تمتلك القدرة على المغفرة هو أسلوب لتحرير ذهنك. حاول ألا تعيق عملية المسامحة فهي ضرورية جداً ليتسنّى لك ممارسة النشاطات المهمة الأخرى وتبعد عنك الشعور بالقلق. المهم إذاً هو ألا تضمروا المشاعر السلبية، من فضلكم. فحين تتمكنون من حل المشاكل بسرعة ومسامحة الآخر، ستتمكنون من العودة بسرعة إلى الاستمتاع بحياتكم.

الجنس: تنعكس حياتك الجنسية على سلامة كل الجوانب الأخرى في حياتك جسدياً، وروحياً، وعاطفياً. وتمنحك شعوراً بأنك ما زلت منطلقاً بقوةٍ في حياتك، وبأن لا أحد يمكنه أن يعبث معك لأنك الأفضل. وعلى شريكتك أن تدرك أهمية هذا الأمر بالنسبة لك، عليها أن تعلم حقيقة أنك بحاجة إلى الجنس لتشعر أنك على قيد الحياة، وبأنك قد ترسخ هذا الشعور إن لم تمارس الجنس بالصورة التي ترضيك. فحاجاتك هذه لا بد لها أن تُلبى بشكلٍ أو بآخر. وكلنا نعلم أن كل تلك المواقع الإباحية لا تحقق أرباحاً بالمليارات من تلقاء ذاتها.

الطموح: هل ترغب بإعطاء دفعة لغاياتك في الحياة؟ إذاً أطلق العنان لطموحاتك أو أحلامك وتخيل ما قد تكون طموحاتك التالية. ربما هناك حقل تريد حضوره، أو صفقة تطمح لإتمامها، أو ربما تريد تغيير مهنتك، والبدء بعمل جديد، أو أياً من الأشياء التي طالما كنت تنتظر القيام بها. إذا كانت شريكتك داعمة ومساندة لك فذلك أمر مذهل. وإن تحطمت أحلامك، فسيتحطم معها تقديرك لذاتك، وستبرز لديك مشكلات الخوف وانعدام الأمان. ومن هنا تتضح أهمية وجود شريكة رائعة تدعمك وتساندك دوماً. ستجدها بقربك تحتفل معك بما تحققه من نجاح، وستكون بقربك أيضاً لتساعدك على بلسمة جراحك وتجميع شتاتك حين تبوء مخططاتك بالفشل. تحتاج الطموحات والأحلام الكبيرة إلى إعادة النظر فيها أو تعديلها من حين لآخر، حتى أنه في بعض الأحيان يتوجب عليك أن تتخلى عن أحد أحلامك وتجد أحلاماً أخرى بحال بذلت كل جهدك في سبيله ولم تنجح في تحقيقه.

الألعاب، الأدوات، الهوايات أو الرياضات:

إن قضاء الوقت بممارسة هذه الأنشطة التي تشحن طاقتك يمكن أن يساهم في تحسين صحتك العقلية والجسدية، وحالتك بشكل عام. فهي ليست مجرد تسلي أنشطة لتصفية الذهن من المتاعب وإنما أيضاً تمكنك من الشعور بأنك مفعم بالحيوية وأنّ لديك هدفاً في هذه الحياة.

التنفيس عن المشاعر: أنت تحتاج للاسترخاء والتنفيس عن مشاعرك، والتخلص من كل ما يرهق ذهنك، كي تحيا حياة صحية. من الضروري أيضاً أن تتمكن من التحدث مع شريكتك في كل الأمور الهامة وغير الهامة، دون أن تقاطعك أو تطلب منك أن تصمت. وسواء أدركت ذلك أم لا فالجميع يحتاجون أن يُسمعوا من وقتٍ لآخر، بمن فيهم أنت!
فتلك هي الطريقة لتتحقق من أنك ما زلت في المسار الصحيح أم انحرفت عنه. ستكون شريكتك بمثابة صوتك الداخلي، لكأنك تفكّر بصوت مسموع. تتميز عملية التنفيس عما في داخلك لشريكة تتقن الاستماع جيداً، بأنها تقربك منها أكثر. إنها رابطة تصل بينكما، وتكشف عن مدى حبها واهتمامها.

حين تحترم شريكتك الأمور التي تحبها وتقدرها، تصبح الحياة بسيطة، وتتحقق لك السعادة. وفي حال إهمال أحد هذه الأمور، فسيكون لك رد فعل ثابت دوماً ألا وهو الغضب!

الأمور التي لا أحبها
الشجار
التذمّر
الأسرار
النقاشات الحادة
ارتكاب الأخطاء
GONZALO 2016
أن يتحكّم أحدهم بي
التعرض للإهمال
الأعمال المنزلية
الشكوى الدائمة
نبش الماضي

الحاجة ٢: الأمور التي لا أحبها

لعل هذه الحاجة غريبة بعض الشيء. بقدر ما تحتاج من الآخر أن يحترم ما تحبه في الحياة، فأنت أيضاً تحتاج منه أن يحترم شعورك تجاه الأمور التي لا تحبها. فإذا كانت شريكتك تنتظر منك على الدوام أن تفعل أشياء لا تحبها، سيجعلك ذلك أشبه بقنبلة على وشك الانفجار. وستبدأ المشاعر السلبية كالغضب والإحباط والنقمة بالظهور.

فيما يلي بعض أكثر الأمور المكروهة في الحياة والتي قد تبدو مألوفةً لك.

التعرّض للإساءة اللفظية: يؤدي تعرضك للإساءة اللفظية إلى تحطيم ذاتك، لا سيما حين يتعلق الأمر بالمهام التي تنجزها، فتعليقات من قبيل “أكره طريقتك في إنجاز العمل- لم يكن عملك وافياً” “متى تنوين الانتهاء من هذا المشروع- في العام القادم؟” “كان بإمكاني إنجاز ذلك بصورة أفضل” “في المرة المقبلة سأوظف شخصاً يعرف كيف يقوم بالعمل!”
هذا النمط من التعليقات لا يقدم أية فائدة، ولكنها تستهدف التهكم والسخرية، “حقاً؟! ليس جيداً!”

الواجبات والأعمال المنزلية: هل تكره الأعمال المنزلية؟ من يحبها أصلاً؟ منذ أيام الطفولة، وسماع كلمة “أعمال المنزل” أمر تقشعر له الأبدان، وحين تسمعها تود لو تهرب إلى مكان آخر. ولهذا السبب لا بد لك من العثور على شريكة أليس كذلك؟ إذا لم تشارك بالأعمال المنزلية فلن تتخلص يوماً من تذمر شريكتك بهذا الشأن. ستشعر في أوقات كثيرة وكأنها تتقمص دور والدتك، لا سيما حين تسمعها تردد “ألا يمكنه القيام بهذا الأمر بمفرده؟” لكن فلنكن صريحين، لا يشكّل نفورك من الأعمال المنزلية عذراً لعدم قيامك بها، فلا يمكنك التهرب من المشاركة في تحمل الأعباء والمسؤوليات المنزلية. تناقش أنت وشريكتك حول الأمور التي تكره القيام بها، وحدد الوقت الذي تكون فيه مستعداً للمشاركة في هذه الأعمال.

الشكاوى المستمرة: هل تكره سماع أحدهم وهو يتذمر طوال الوقت؟ من الصعب حقاً أن تظل مسروراً ومتفائلاً وأنت برفقة شريك سلبي. استخدم مهارات التواصل الخاصة بك بفعالية، واطرح أسئلتك بطريقة لبقة ومحترمة، وقدّم الدعم لشريكتك، لتتمكن من اكتشاف الحقيقة الكامنة خلف كل هذا التذمر.

النقاشات الحادة: هل تكره خوض المشادّات الكلامية وفقدان أعصابك؟ تجعلك هذه المواقف عرضة لتوجيه الإهانات لشريكتك، والتفوّه بأمورٍ كثيرة لا تعنيها حقاً.

وفي أحيان كثيرة ستلاحظ كيف تخرج تلك الكلمات من فمك، كلمة كلمة، ثم تعي ما يحصل وتقول في نفسك "يا إلهي، ما الذي قلته للتو؟" كم نود لو أنه بإمكاننا استرجاع تلك الكلمات وكأننا لم ننطقها يوماً، وإلا فإن صداها سيتردد في ذهننا ويطاردنا حتى آخر يوم في حياتنا.

التذمر: ببساطة، إنّ التذمّر مهينٌ ومزعجٌ. فأنت لا تحب أن تسمع شريكتك وهي تتذمر منك. بالحال أنك لم تفعل شيئاً يستحق التذمّر، عليك أن تسأل شريكتك عن سبب مضايقتها لك دون سبب فعليّ يذكر. ولكن فكّر بالموقف مليّاً قبل أن تتخذ موقفاً دفاعياً. فلعلّك تعلم في قرارة نفسك بأنك فعلت أمراً تستحق به هذا التذمر. هل جعلت شريكتك تبني توقعات خاطئة حول أمر ما، أو أنك لم تفِ بالتزاماتك؟ أو لعلك استمريت بتقديم الأعذار والحجج لتبرير سبب عدم انتهائك من إجراء الإصلاحات في المنزل، فيما شريكتك تراقبك وتلاحظ أنك تمتلك وقتاً كافياً لممارسة الأنشطة التي تحبها.

تأثير كرة المضرب: أنت تكره الأمر حين تضرب الكرة، فترتد إليك وتضربك مجدداً. فلنفترض مثلاً أن لسانك قد زلّ بشكل عفوي أثناء الحديث مع شريكتك ونطقت كلاماً من قبيل " لا أحب صديقتك المفضلة" ستدرك لها شريكتك على الفور وتخبرك بأنها لا تحب أيّاً من أصدقائك أصلاً. أو قد تُذكّر شريكتك بوعد قطعته لك ولم تفِ به، وقبل أن تنتهي من معاتبتها، ستكون قد غاصت في أعماق ذاكرتها ونبشت منها وعوداً قطعتَها لها منذ زمن ولم تفِ بها أيضاً. لم تتخيل قط أن هذا الذي أمامك هو نفس الشخص الذي يعجز عن تذكر المكان الذي ترك فيه مفاتيحه منذ عشرة دقائق. وهذا هو تأثير كرة المضرب.

التذكير بالماضي: حين توقظ شريكتك بتذكر الأمور التي سبق وسببت لها الانزعاج في علاقتكما بكل تفاصيلها الدقيقة، فإنها بهذا التصرف تفسد العلاقة وتغلفها بجو من الإحباط. فاسترجاع المشكلات القديمة ودمجها مع المشاكل الحالية هو التصرف الأسوأ على الإطلاق.

الكذب الأبيض: لعلّك لا تحب أن تخبر شريكتك بكذبة بيضاء، ولكن ذلك أهون عليك من محاسبة شريكتك لك وصراخها في وجهك. يحدث هذا إذا كنت أنت وشريكتك تمتلكان آراء متناقضة، أو إذا كنت ترى أن شريكتك تطالبك بطلبات غير معقولة وليس لك قدرة على تنفيذها. ولذلك تبدأ بإخبار الآخر بالكذبات البيضاء. تنشأ هذه الكذبات البيضاء من حاجتك لاتخاذ بعض القرارات بشكل مستقل دون أن تجد نفسك مضطراً لتبرير تصرفاتك، أو لخوض نقاش مزعج ينتهي بسماعك كلمة لا.

أهتم دوماً لرأي شريكتي بي
أكثر من اهتمامي بآراء الآخرين.

الأمور التي لا تجيدها

طلب المساعدة

القيام بأشياء ل

ا نريد القيام بها

الاعتراف بالخطأ

إتمام المهام

التفاصيل

الأحاديث المطولة

تحمّل المسؤولية

الأعمال المنزلية

الحاجة ٣: الأشياء التي ال أجيدها

هذه الحاجة الثالثة تبدو غريبة أيضاً. كما هو الحال بالنسبة للأمور التي ال تحبها، أيضاً ال بد من احترام الآخر للأمور التي ال تجيدها، وبذلك ستتمكن من اتخاذ قراراتك الخاصة وأنت مرتاح ومسرور. في حال أُجبرتَ على القيام بأمور ال تجيدها، ستواجه مجدداً كل المخاوف التي كانت لديك أيام الطفولة. وستتذكر كل الأوقات التي شعرت بها أنك لست كفؤاً وال ماهراً بما يكفي.

لقد طرح أنتوني روبدايني مرة السؤال التالي " ما هي العبارة المعاكسة لعبارة ' أدائي رديء في المجال الفني'؟ أدائي غير رديء؟" وهنا تكمن المشكلة، فحقيقة أنك رديء أو فاشل في أمر ما، ال يمكن التخلص منها بسهولة.

هل تشعر بأنك قد خبرت سابقاً شعور الفشل في أيٍّ من الأمور التالية؟

الاعتراف بأنك على خطأ: يتطلب الأمر منك جرأة كبيرة من التقبل لتتمكن من الاعتراف بأنك اتخذت خياراً خاطئاً. ولكنك الشخص الأذكى بين الجميع، فكيف لك أن تعترف بخطأ؟ تزداد قساوة الأمر حين تخبر شريكك بأنك مخطئ، من المحرج حقاً أن تخبره بذلك. وال شيء يهينك بقدر إصرار شريكك على سماعك تنطق بكلمة " لقد أخطأت".

طلب المساعدة: شكراً ليوتيوب كونه يساعدنا في إنجاز الأعمال المنزلية الصعبة، ولكن ماذا لو اختفى الانترنت؟ ما الذي ستفعله وقتها؟ في الحقيقة لن تفعل شيئاً لأن كبرياءك سيمنعك من طلب المساعدة. لماذا؟ لأنك ببساطة ال تجيد طلب المساعدة من أحد!

إكمال المهمات: هل أنت فاشل في إنجاز المهمات في الموعد المحدد أم في إتمامها بشكل عام؟ لن تضع أية مهمة ضمن أولوياتك ما لم تتوقع منها مردوداً كبيراً. أليس كذلك؟ يتوقع الكل الحصول على مكافأة، وإن أضفت للمكافأة مداعبة وجهه، فلن يمانع. وإن كان الشريك يكافئ التصرفات الجيدة لشريكه فلن يمانع الأخير ذلك. احرصي على مكافأة تصرفات شريكك الجيدة والثناء عليها، والإ فسيبقى فاشلاً في إتمام المهمات وحسب.

التفاصيل: هل أنت فاشل في التعامل مع التفاصيل؟
يستنزف الغوص في التفاصيل الكثير من الوقت، بينما يمكننا توفير هذا الوقت عبر معالجة الأمور بشكل سريع ومختصر، مع التركيز على جوهر الموضوع، وستكون كل الأطراف راضية بذلك. نحن نعيش في عالم يسير وفقاً لمبدأ الإشباع الفوري، ويعتبر طلب البيتزا ومشاهدة المباريات ضرباً من ضروب القدرة على أداء مهام متعددة. وكل شيء ما عدا ذلك يعتبر غرقاً في التفاصيل وال نجيد التعامل معه.

النقاشات المطوّلة: قد تحتاج شريكتك لخوض حديث مطوّل معك، وهذا ما يتسبب في الكشف عن ضعف قدراتك في هذا المجال. عندما ترغب شريكتك بمناقشة موضوع ما بالتفصيل الممل، مع ضرورة إصغائك لكل حرف في قوله، هل تشعر أن تركيزك أشبه بتركيز بعوضة، وأنها يجب أن تلقمك المعلومات بلطف وروية؟ حين تكون التفاصيل مهمة في موضوع ما، فسيقوم الدماغ بأداء عدة مهام في الوقت نفسه. فمثلاً، نحن نصغي حين يتكلمون لكن في الوقت نفسه نحن نفكر بما نريده على البيتزا. أليس ذلك مرضياً للجميع؟

الاحتفاظ بآرائك لنفسك: إنه أمر مستحيل التنفيذ، إن كان لديك رأي ما ستجد أنك ستعبر عنه بطريقة أو بأخرى.

الأمور التي أكرهها

أن أسمع جملة
يجب أن نتكلم :
أن يُملى عليّ
ما يجب أن أقوم به
أن يُصرَخ عليّ
التوسل لمما
رسة الجِنس
أن يُسيطِر علي
أن يُتلاعَب بي
ترتيب الفوضى
التي أحدثها

الحاجة ٤: الأمور التي أكرهها

الحاجة الرابعة والأخيرة من حاجاتك أيضاً غريبة بعض الشيء. تتضمن هذه الحاجة الأمور التي تكرهها والتي يجب أن تراعى وتحترم كي تعيش بسعادة مع شريكتك. إذا أُجبرت على القيام بأمور تكرهها، فستظهر حاجتك للتعبير عن كرهك لبعض الأمور. وإذا كانت الأمور التي لا تجيد القيام بها تتسبب في مشاكل متعلقة بتقديرك لذاتك، فإن قيامك بأشياء تكرهها سيتسبب لك مباشرة بالغضب والاستياء.

فيما يلي بعض من المواقف التي يكرهها الأشخاص عادة، هل تبدو مألوفة بالنسبة لك؟

التوسل للحصول على الجنس: إن التوسل للحصول على الجنس يعتبر من أكثر الأمور التي تكره أن تقوم بها. فحين تعاملك شريكتك بجفاء، وتضطرك للتوسل من أجل ممارسة الجنس، فلن تكون شخصاً طبيعياً في أوقات كهذه. ستجد نفسك تتوسل أو تنزعج، وهذا ببساطة يجعلك يائساً. ستفعل أشياء لا تتمنى فعلها لأي كان فقط لكي تتمكن من إشباع حاجاتك. ستودع كبريائك وتواضعك وتقديرك لذاتك وترمي بها بعيداً. ومن ثم بعد أن تشبع رغباتك الجنسية، تشيح بوجهك وتعيد هندمة نفسك والتقاط كبريائك وتواضعك وتقديرك لذاتك من جديد.

أن تكون تحت سيطرة الآخر: بحال كانت شريكتك هي من تتخذ كل القرارات، ولا تصغي لرأيك، وتتوقع منك دائماً القيام بأعمال كثيرة دون أن تتحمل أية مسؤوليات بدورها، فهذا يعني أنك تحت سيطرتها.
تحس وكأنه لا رأي لك مطلقاً، ويغمرك شعور بالعجز وانعدام الكفاءة.

أن تتلاعب شريكتك بك: من ذا الذي قد يحب أن يتلاعب الآخرون به؟ حتماً لا أحد. ولهذا من حقك أن تكره حدوث هذا الأمر. فأنت تكره أن تتلاعب بك شريكتك، ولا تحب أن تتفوق عليك أيضاً، لأن ذلك يعني أنك لم تكن تمتلك زمام الأمور في أي يوم قط.
والآن هل تفهمون لم أخبرتكم بأن كره بعض الأمور حاجة ضرورية للإنسان؟

ترتيب الفوضى التي تحدثها: قد تفرض بعض الشريكات القيام بترتيب ما يحدثه شريكهم من فوضى، ويكون فرضهن هذا مرفقاً بعبارة: " أنا لست والدتك." وبما أن معظمنا حساسون بشأن علاقتنا بأمهاتنا، لذا فالإشارة إلى أننا ما زلنا بحاجة لأمهاتنا للعناية بنا يعتبر مشكلة كبيرة.

يجب علينا أن نتكلم: هذه الكلمات الأربعة تثير الخوف في قلب الشريك أكثر من أية كلمات أخرى.

والآن، أعد التفكير مجدداً في كل الأمور التي تندرج ضمن هذه التصنيفات الأربعة - الأمور التي نحبها والأمور التي لا نحبها والأمور التي لا نجيد القيام بها والأمور التي نكرهها. ربما ستلاحظ بعض الأمور التي ستقرّر لنفسك بوجودها للمرة الأول. أخبر شريكتك بها، لتصبح على وفاق. إياك أن تفترض بأن شريكتك تعلم هذه الأمور مسبقاً، فالهدف هنا هو إعلام كل منكما الآخر بحاجاته.

في الفصل التالي، ستتعلم كيفية التعامل مع الحاجات الأساسية للشريك. وهذا سيضعك على الطريق الصحيح لفهم الأسباب الحقيقية التي تودي إلى تفكك العلاقات. حالما تدرك حاجات شريكتك وتعرف كيفية التعامل معها، ستكون على الطريق الصحيح!

احتياجات شريكك
التوازن
المساواة
الأمان
الثقة
هذا ما يحتاجه شريكك للحصول على علاقة رائعة
هنا تبدأ رحلة الجفاء
لولا وجود النساء
لِما كان لكل أموال العالم
اي معنى

الفصل 6: لدى شريكتك احتياجات عليك احترامها ليكون سعيداً - وهي:

عندما تساعد شريكتك على تلبية حاجاتها
تصبح أفضل شريك يمكنك أن تكونه

ألا تريد إسعاد شريكتك؟ ألا ترغب بالنظر إليها بحب واحترام وصداقة؟ ألا تريد أن تنظر شريكتك إليك كأنك الشيء الوحيد المهم في العالم؟ ألا تريد لشريكتك أن تعلم أنها تستطيع الاعتماد عليك؟ ألا تريدها أن تعرف بأنك الوحيد الذي سيحميها؟ إذاً، ستجد في هذا الفصل الوصفة السرية للحصول على علاقة ناجحة. أحد الأسباب الواضحة لفشل العلاقة هو عدم تلبية حاجات شريكتك. سنتحدث عما تلمح له شريكتك وعما تفكر به (دون التسبب بأية مشاكل).

تذكّر أن احتياجات شريكتك الأربعة هي ركائز جسرك. عندما يتم تلبية احتياجاتك يكون الأساس متيناً. ركائز شريكتك تبقي الجسر واقفاً. عادةً تقوم شريكتك بتولي أمور المنزل وتحرص على سير كل شيء بسلاسة، ليبقي الجسر واقفاً. وإذا كانت الأساسات والركائز قوية، سيكون الجسر بالتالي قوياً.

إليك الركائز الأربعة للعلاقة. عندما تساعد شريكتك على تلبية احتياجاتها ستكون أفضل شريك يمكنك أن تكونه

- التوازن/الحب
- المساواة
- الأمان
- الثقة

من واجبك الحرص على ألا تتضرر ركائز شريكتك. ومهمتك الأساسية هي أن تحترم احتياجات شريكتك. ولفعل هذا، عليك دعم هذه الاحتياجات. ويبدأ ذلك من خلال استيعابك للأخطاء الأربعة التي قد ترتكبتها. عندما تستوعب ذلك، ستدرك أثر خياراتك على شريكتك. والآن بإمكانك أنت وعلاقتك أن تخوضا جولة جديدة.

في الحقيقة ستضطر لتعديل سلوكك. تذكّر أنك أنت الأساس. ويجب أن تكون في حالة استقرار أولاً قبل كل شيء. ويبدأ ذلك من خلال إدراكك لسبب عدم تلبية احتياجاتك - لكن، إن لم تُلبّ حاجات شريكتك، فلا مجال أبداً لتلبية احتياجاتك. عندما تفهم ذلك، سنكون قد اتفقنا على كيفية وصولك إلى علاقة سعيدة. وإن كنت لا توافقني الرأي، فلا يسعني فعل شيء لك إلا أن أتمنى لك حظاً سعيداً.

ستتعلم أن كل الركائز معرضة للتأثر بما يطرأ من مشاكل في الحياة اليومية. إن كنت إيجابياً وداعماً، ستبقى الركائز قوية دون أي أثر يذكر عليها. لكنك إن كنت سلبياً وغير متفهم، ستتسبب بالضرر لإحدى الركائز. وكلما زادت سلبيتك وعدم تفهمك، تزداد الصدوع في الركائز. وكلما زادت الصدوع، تصبح الركيزة أضعف. وإن كانت الركائز الأربعة ضعيفة، ستنهار علاقتك. عليك الحرص على إبقاء جسرك دون أي تصدعات في الركائز.

ستبدأ بملاحظة الصدوع عندما تعي وجود الضجيج الذي تصدره شريكتك لجذب انتباهك. وقد تسميه التذمر. إن كانت شريكتك تتذمر منك طوال الوقت، فلا بد أن هناك العديد من الصدوع التي يتوجب عليك إصلاحها. بالطبع تستطيع تجاهلها، لكنك إن فعلت، ستعيش حياة مضنية ومؤلمة حتى تجد نفسك وسط الركام.

عليك أن تدرك أن إصلاح كل ركيزة سيستغرق وقتاً وسيحتاج الكثير من الانتباه والعمل في البداية. فكر بالأمر بالطريقة التالية: لم تتم معاينة الجسر منذ مدة طويلة. لن تُصلح الأمر بين ليلة وضحاها. فكل ركيزة فريدة من نوعها وتحتاج مهارات وأدوات خاصة لإصلاحها. إن حاولت إصلاح مشكلة باستخدام مفك للبراغي ذي رأس مسطح بينما تحتاج في الواقع إلى مفك برأس مسطح. سنتطرق إلى هذا كله في الفصل التالي.

الخبر الجيد هو أنه يمكن إصلاح هذه الصدوع واحدة تلو الآخر. الصدوع العميقة ستحتاج وقتاً طويلاً لإصلاحها، لكن ببذل مجهود مستمر واستعمالك للأدوات المناسبة، هناك أمل دائماً في إصلاحها. إن الأمل هو أحد أهم المزايا التي يتمتع بها الشريك في الحياة. دون الأمل، ستكون العلاقة قد ذهبت أدراج الرياح منذ مدة طويلة.

إذاً دعونا نتحدث عن احتياجات الشريك الأربعة ونبدأ بالبحث عما نحتاجه لترميم كل واحدة من الركائز. قبل أن نصل لتقييم الضرر الذي تعرضت له كل ركيزة، دعونا نتمهل قليلاً. عندما تقرأ هذا الفصل، حاول أن تعود إلى تجاربك السابقة لتدرك أين قد تكون أهملت احتياجات شريكتك.

التوازن

إمضاء وقت مميز
مع الآخرأمر ضروري
ينبغي جعل الرياضات
والهوايات في حالة توازن

لا تعمل على حل ك
مشاكل شريكك
كن مستمعاً جيداً

الحاجة/الركيزة 1: التوازن/الحب

الركائز غير المستوية تجعل الجسر متقلقلاً، وكما هو الحال بالنسبة للجسر، ستكون العلاقة غير المتوازنة مهددة بالانهيار. التوازن يعني أن تكون قادراً على تقديم الدعم لشريكتك عندما تحتاج إليه، سواء كان الأمر يتعلق بالطبخ أو التنظيف أو الغسيل أو شراء البقالة أو أخذ الأطفال إلى السرير. إن كانت شريكتك عادةً تقوم بهذه النشاطات ثم اكتشفت أنه مرهق، عليك أن تسارع للمساعدة دون أن تطلب منك ذلك. سر إصلاح الصدوع في ركيزة التوازن هو التوقف عن إهمال وتجاهل شريكتك كما نوضح في الفصل 2.

العوامل التي تؤثر على توازن العلاقة

يتأثر توازن العلاقة بفعل هذه العوامل التي قد تواجه الجميع. سنتطرق إلى الوسائل اليومية الموصى بها في الفصل التالي.

- العائلة
- الأصدقاء
- العادات
- الصحة
- الهوايات والرياضة
- الأطفال
- التنفيس عن المشاعر
- العمل

هناك عوامل أكثر تعقيداً تؤثر على العلاقة وهي العوامل التي ترتبط بماضي الشريك قبل العلاقة وتؤثر على توازن العلاقة وهي:

- الإدمان
- الاكتئاب
- عدم الاكتفاء
- الصدمة

يغطي الكتاب بعض أكثر الوسائل اليومية شيوعاً واستخداماً. للمزيد من الوسائل والمشاكل المرتبطة بالماضي، قم بزيارة الموقع الالكتروني

youarerightiamwrong.ae

العلاقة المتوازنة تعني التعاون بين الشريكين عندما يحتاج الموقف للعمل الجماعي. تدفع هذه المواقف شريكتك إلى التفكير بشكل إيجابي بالعلاقة وتسمح لشريكتك بالإيمان بصحتها. إن إيجاد إيقاع ثابت للعلاقة يساعد على خلق التوازن والمساواة والأمان والثقة في مسار العلاقة الجديد. عندما تحقق التوازن في العلاقة، ستتمكن من قول "أنا أحب حياتي وشريكتي" دون تردد. إذ ستصبح شريكتك جزءاً لا يتجزأ من حياتك.

لخلق التوازن عليك أن تتقدم لتولي المهام عن شريكتك عندما تكون غارقةً في العمل أو حدثت فاجعة في عائلتها أو بحال كانت تشعر بالضعف وعدم القدرة على إنجاز الأعمال الاعتيادية. عليك أخذ المبادرة للمساعدة دون أن تضطر شريكتك لطلبها منك. إذا بإمكانك إحضار الأطفال من المدرسة عند نهاية اليوم الدراسي، خذهم إلى تمارين كرة القدم، حضّر العشاء، أو قم بالأعمال المنزلية. كن حاضراً لتنفيذ أي مهمة قد تُطلب منك. سيساعدك ذلك على خلق التوازن في المنزل وفي العلاقة.

إن عملية الأخذ والعطاء هي ما تجعل علاقتك شراكة. فالأمر يجري من قبل الطرفين - الين واليانغ الخاصان بالعلاقة. قد تكون أشهر الفلسفات في المذهب الطاوي، حيث تعلّمنا فكرة ين/يانغ أن نصفين يستطيعان تكوين شيء متكامل. كما تشير لنا إلى نقطة البداية للتغيير.

إليكم مثالاً: إنها صبيحة يوم السبت، وفي مساء هذا اليوم ستقيمان حفلة على العشاء تستضيفان فيها 25 صديقاً. هنا تتجلى الشراكة بأبهى حللها. فكلٌّ منكما يعرف دوره ويسير كل شيء وفق المخطط دون أي عثرات. هذا مثال واضح عن العلاقة المتوازنة 50/50 التي التزم بها كلاكما. ترتب شريكتك المنزل وتستقبل الضيوف بينما تشغل أنت الموسيقى وتبدأ بالشواء. عندما ينتهي العشاء، يقوم أحدكما بتنظيف الأطباق بينما يُعدّ الآخر القهوة. وعند انتهاء الحفلة تكونان كلاكما مرهقين جسدياً وذهنياً، لكن التوتر كان في أدنى مستوياته خلال العملية برمتها، ما سمح لكما بالاستمتاع بالحفلة لأقصى حد. عندئذٍ ستدرك أن ما من سبب يمنعك وشريكتك من أن تحظيا بعلاقة متوازنة كهذه دائماً.

السؤال الذي عليك طرحه هو: ما الذي يردعنا عن الحصول على هذا المستوى من التوازن في علاقتنا؟ أتعتقد أن انشغالك الدائم بهواياتك أو الرياضة يجعل العلاقة متوازنة؟ نعم، من المهم أن تحافظ على لياقتك، لكن إذا كنت تمضي أيام العطلة منشغلاً بالبولينغ أو البيسبول أو كرة القدم أو الجولف أو أي نشاطات أخرى، ثم تعود إلى المنزل لتتابع مباراة أخرى، ثم تعمل على دوري كرة القدم أو البيسبول التخيلي أثناء العشاء، فلن يتبقى أي وقت للحصول على التوازن. إذا كنت، في صباح يوم العطلة، تستمع إلى المعلقين الرياضيين وتركز كلياً على هذا الموضوع، فلن يتبقى أي وقت لشريكتك. هذه ليست علاقة متوازنة. عليك التخلي عن بعض الأشياء، وآمل ألا تكون شريكتك أحدها.

في الفصل 2، ذكرت أن أول خطأ قد ترتكبه كشريك هو إهمال وتجاهل شريكتك. فذلك له أثر مباشر على ركيزة التوازن. لذا، من واجبك الحرص على ألا تتضرر ركيزة التوازن الخاصة بشريكتك عندما يتعلق الأمر بالمسائل اليومية.

المساواة

فليكن صوت شريكتك مسموعا

المسؤوليات المشتركة

القرارات المشتركة

التواصل بكل صراحة

الحاجة/الركيزة 2: المساواة

المساواة في العلاقة تعني أن تحترم أفكار شريكتك وآراءها واحتياجاتها بطريقة تضمن أن يكون صوتها مسموعاً. تقدّر شريكتك الأشياء التي تقوم بها من أجلها. وبالمقابل عليك أن تقدر كل ما تقوم به شريكتك لأجلك. إذا كانت شريكتك منفتحة وصادقة كلياً، فإن الاحترام المتبادل يفرض عليك أن تتعامل معها بنفس الطريقة. عامل شريكتك بالطريقة التي ترغب بأن تعاملك بها أو أفضل منها. عندها فقط ستكون على المسار الصحيح للحصول على علاقة متساوية. الحل الإصلاحي في تعزيز المساواة هو أن تكف عن الشعور بالأفضلية في العلاقة، كما ذكرنا في الفصل 2.

العوامل التي تؤثر سلباً على المساواة في العلاقة

إليك قائمة بالمسائل اليومية التي تحدث أثراً سلبياً جداً على علاقتك ما لم يتم التعامل معها بشكل صحيح. سنتطرق إلى الوسائل اليومية في الفصل التالي.

- الجدالات
- تفادي الصراع
- المعتقدات
- قلة التقدير
- الاحترام المتبادل
- الأنانية
- المسؤوليات المشتركة
- الصوت العالي

المسائل العالقة من الماضي والتي تؤثر على المساواة هي:

- الالتزام
- تسجيل الأخطاء
- الاتكالية
- النقمة

يغطي الكتاب بعض أكثر الوسائل اليومية شيوعاً واستخداماً. للمزيد من الوسائل والمشاكل المرتبطة بالماضي، قم بزيارة الموقع الالكتروني

youarerightiamwrong.ae

عكس المساواة هو عدم المساواة. وتتجلى بمقاطعة شريكتك أو رفع صوتك لدرجة أعلى من صوتها عندما تخالفها الرأي. عدم المساواة هي عندما تعتقد أن كل القرارات يجب أن تتم وفقاً لك. عدم المساواة هو أن تتعامل مع شريكتك بأقصى درجات الحذر أمام العائلة والأصدقاء أو الضيوف. عدم المساواة يكون عندما تصرخ وتكسر الأشياء وتغلق الباب بقوة عند خروجك من الغرفة للتعبير عن رأيك. عدم المساواة هو إخبار الشريك أنه "لن يفهم" عند مناقشة في المشكلة.

يجب أن يكون الطرفان مستعدين للانخراط في ما أسميه "السلوك التعاوني" لتجنب الشعور بالأفضلية. وهنا يتوجب عليك التخلي عن كبريائك مجدداً.

على سبيل المثال، هل تُعِدّ شريكتك العشاء عادة؟ لنفرض أنك في أحد الأيام عدت إلى المنزل ولم تكن شريكتك قد وصلت بعد. ما هي ردة فعلك الأولى؟ إن كان جوابك الأول أنك ستتصل بشريكتك لتسألها عن موعد عودتها إلى المنزل لتُعد العشاء، فستخسر! وإن كان جوابك أنك ستعد العشاء بنفسك وتجلس لتتناوله أمام التلفاز وتحتسي الشراب معه، فستربح! أمزح معك، ستخسر أيضاً. الجواب الصحيح هو أن تذهب إلى المطبخ وتعد العشاء، كما كانت شريكتك لتفعل.

ألا يوجد أي طعام أو بقالة في المنزل؟ اركب سيارتك واذهب إلى متجر البقالة لشراء الحاجيات. ثم عد إلى المنزل واقرأ الوصفة وحضّر العشاء. إن كنت ذكياً، ستخبر شريكتك عند وصولها إلى المنزل أنك افتقدتها، وستقبّلها وتقدّم العشاء. وعندما تنتهيان من تناول الطعام، قم بتنظيف كل شيء. هذه هي المساواة، هذه هي الشراكة، هذا هو الحب. لقد نجحت!

تدور المساواة حول الاحترام والحرص على أن تكون آراء وحاجات شريكتك مهمةً بقدر أهمية آرائك وحاجاتك. عامل شريكتك بالطريقة التي تود أن تعاملك بها. عندما تكونان في لقاء مع الأصدقاء وتقول لشريكتك شيئاً لا توافقها عليه، لا تقاطعها. هذا مهم، خصوصاً عندما تخالفها الرأي. لا أحد يحب أن تتم مقاطعته أو التكلم معه بدونية أو أن يُصرخ في وجهه. ليس من الضروري أن ينتهي كل خلاف في الرأي بالصراخ المتبادل أو الإساءة اللفظية، أو قلة الاحترام. يشكل النصفان وحدة كاملة متكاملة، ويكونان متساويين 50/50. وليس 75/25، بمعنى أن يكون لك الحق في اتخاذ 75% من القرارات بمفردك. هل وصلتك الفكرة؟

الصياح والصراخ هما عادتان سيئتان مترسبتان من الماضي، وعليك التخلي عنهما للمضي قدماً. إذ أنهما قد يخلقان بيئة غير سليمة. هدفك هو أن تذهل شريكتك. بأن تعرفها بشكلٍ يسمح لك بتوقع ما تحتاجه قبل أن تدري هي ما تحتاجه. لقد أثبتُّ ذلك في حياتي العملية، وتشعر شريكتي بالغضب لأني أعرفها إلى هذا الحد. عندما تصل إلى هذا الهدف، ستصبح الشخص الذي لا تكف شريكتك عن الحديث عنه لأصدقائها وعائلتها، وستكون حبها الوحيد الحقيقي.

الاماز

توقف عن التلاعب بالآخر

رسم الحدود
توقف عن المخاطرة بأموالك
توقف عن إغضاب شريكتك

الدعم العاطفي أمر واجب

الحاجة/الركيزة 3: الأمان

تشعر شريكتك بالأمان في العلاقة عندما تستطيع أن تكون على طبيعتها، وتتواصل بحرية وتشعر بالأمان عاطفياً. يمكن أن تتسبب قلة الأمان في العلاقة بالعديد من المضاعفات كالشك والحيرة والغيرة والحزن. الحل لإصلاح الصدوع في ركيزة الأمان، هو الكف عن إعطاء توقعات زائفة للشريك كما ذكرنا في الفصل 2.

الأمور التي تؤثر على الأمان في العلاقة

إليك بعض المسائل اليومية التي يمكنها التأثير على علاقتك ما لم يتم التعامل معها بشكل صحيح. وسنتطرق إلى الوسائل اليومية في الفصل التالي.

- الدعم العاطفي
- الشعور بالحب
- الشؤون المالية
- الغيرة
- التلاعب
- الإجهاد والتوتر
- الانفعالات
- الوزن

المسائل المرتبطة بالماضي والتي تؤثر على مقدار الأمان في العلاقة هي:

- الاستغلال
- الشؤون المالية
- المغفرة
- تقدير الذات

يغطي الكتاب بعض أكثر الوسائل اليومية شيوعاً واستخداماً. للمزيد من الوسائل والمشاكل المرتبطة بالماضي، قم بزيارة الموقع الالكتروني

youarerightiamwrong.ae

يجب أن يكون أحد أهدافك في الحياة أن تجعل شريكتك تشعر بالأمان من جميع النواحي. إن غازلت إحداهن أو كنت ودوداً زيادة عن اللزوم معها، قد يتسبب ذلك بجعل شريكتك تشعر بالغيرة. إن كنت تهدر المال، فقد يؤثر ذلك على شعور شريكتك بالأمان.

يأتي الأمان في العلاقة عندما يمنح كل من الشريكين للآخر حرية التصرف باستقلالية مع تأمين دعم غير مشروط من كلٍّ منهما للآخر. وهذا يساعد على الحفاظ على التوازن العقلي والعاطفي. إن لمصطلح "الاتكاء على شريكك" معنى مجازي وحرفي في مجال إصلاح أو الحفاظ على تركيز الأمان. ويعني ذلك أن تكون حاضراً جسدياً وذهنياً وعاطفياً للإصغاء والنقاش في أوقات الشدة.

إن كانت شريكتك لا تشعر بالأمان في علاقتها بك، فذلك بسببك أنت. قد تستاء عند سماع هذا أو لا توافقين الرأي وربما تشعر بالغضب، لكن هذه هي الحقيقة. إذ يمكن لتلك الإهانات الصغيرة والتعليقات المعبرة عن عدم الرضا أن تؤثر بشكل ملحوظ على إحساس شريكتك بالأمان في العلاقة.

لنفرض مثلاً أنك تعلم أن شريكتك غير راضية عن وزنها، لكنك لا تكف عن التطرق إلى موضوع الوزن بطريقة تؤثر على مشاعرها. أو عندما تمضي شريكتك ساعات في التسوق ثم تعود إلى المنزل لتسألك عن رأيك بمشترياتها فتخبرها أن أياً من مشترياتها لم ينل إعجابك. كل هذا يؤثر على شعورها بالأمان. يتوقف الأمر عليك لتمكين شريكتك وإشعارها بأنها محبوبة، أو إحباطها وجعلها تشعر بالنقص والاستياء من ذاتها. لذا يقع عليك اللوم لعدم تحليك بالمزيد من الحكمة في استجاباتك لها. بدل الإدلاء بتعليقات سلبية، أدلِ بتعليقات إيجابية، وإلا ستتسبب أنت بنفسك بصدع في تركيز الأمان الخاصة بشريكتك.

كما أنك عندما تواجه خلافاً في الرأي مع شريكتك وتبدأ بإهانتها أمام الأصدقاء، ستكون أنت المذنب في شعورها بالإحراج وعدم الأمان. لذا في المرة القادمة التي تشعر فيها بالرغبة بالصراخ والشجار والتحطيم، توقف وعامل شريكتك باحترام وتحدث معها بشكل لائق وهادف.

عليك إدراك أن الأمان المالي ضروري لإشعار شريكتك بالأمان. مثلاً، بحال ادخرت الكثير من المال ولديك الرغبة في استثماره، لكن شريكتك تشعر أن هذا الاستثمار فيه مخاطرة كبيرة. هذا الموضوع حساس، لأنه يلامس حاجتك للحلم والطموح. ولكن شريكتك تشعر أن عليك استثمار مبلغ أقل من الذي تنوي استثماره. وهنا تكمن المعضلة. إن استثمرت ما تريد استثماره فسيؤثر هذا على شعور شريكتك بالأمان، وإذا لم تفعل فسيؤثر ذلك على حاجتك لفعل أمر تحبه. وهنا يأتي دور التسويات والتواصل الفعال. تذكّر أن هذا يحتاج منك أن تتعلم الأخذ والعطاء. قد تتمكن في بعض الأحيان من تحويل حلمك إلى حقيقة، وفي أحيانٍ أخرى، عليك أن تساعد شريكتك على تحقيق أحلامها. احرص على أن تكون داعماً لشريكتك لتحظى بالأمان في علاقتك.

الثقة
المشاكل المالية
الثقة
الأكاذيب
البيضاء
حجب المعلومات
Gonzalo

الحاجة/الركيزة 4: الثقة

إذا ذهبت الثقة، فما الذي سيبقى لدينا إذا؟

الثقة ضرورية وأساسية لنجاح العلاقة. عندما تتناقص الثقة، سينتج عن ذلك علاقة متقلقلة. الثقة هي الحاجة الأكثر أهمية في العلاقة. فكر بركيزة الثقة على أنها ركيزة حاملة، وإذا تضررت، سينعكس أثرها على جميع الركائز في نفس الوقت. بسبب الخيانة الفعلية غير القابلة للإصلاح، سيصبح جسرك غير قادر على تحمل وزن أي شيء أو أي شيء آخر. السبيل الأمثل للإصلاح الصعود في ركيزة الثقة هو التوقف عن الأكاذيب وإخفاء الأسرار كما ذكرنا في الفصل 2.

العوامل التي تؤثر على الثقة في العلاقة

إليك بعض المسائل اليومية التي يمكنها التأثير على علاقتك ما لم يتم التعامل معها بشكل صحيح. وسنتطرق إلى الوسائل اليومية في الفصل التالي.

- الحدود
- الأمانة
- الحميمية
- نمط الحياة
- ديناميكيات العلاقة
- تغيير الرأي
- التكنولوجيا
- الأكاذيب البيضاء

المسائل المرتبطة بالماضي والتي تؤثر على الثقة في العلاقة هي:

- الهجر
- الجفاء
- الحياة المزدوجة
- الأكاذيب الكبيرة

يغطي الكتاب بعض أكثر الوسائل اليومية شيوعاً واستخداماً. للمزيد من الوسائل والمشاكل المرتبطة بالماضي، قم بزيارة الموقع الالكتروني

youarerightiamwrong.ae

كما الاحترام، كذلك الثقة يجب أن تكون متبادلة. عليك أن تؤمن أن بإمكانك الثقة بشريكتك. فمن دون الثقة ستبدأ الشكوك بشريكتك بالتسلل إلى العلاقة. الثقة تعزز الحرية في علاقتك. فعندما تغيب الثقة، تظهر الافتراضات السلبية التي تتسبب بفقدان الشعور بالأمان، وسيؤدي ذلك إلى وضع الكثير من القيود على العلاقة. يمكن لانعدام الثقة أن يأتي بنتائج سلبية للغاية. فهو يتسبب بجعل الشريك يصبح شديد الميل إلى السيطرة عندما تطرأ مشكلة ما. ولنفس السبب، لا تكون الأكاذيب البيضاء قطّ مجرد أكاذيب بيضاء. فهي دائماً مؤشرات على الخداع. لذا عندما يتم افتضاح أمر كذبتك البيضاء، قد يتحول الأمر إلى مشكلة كبيرة.

لا يحب أحد أن يُخفى عنه شيء أو أن يُخدع. فالأكاذيب تدمر الثقة. وعندما تتزعزع ثقة الشريك، سيصعب عليك استعادتها. يضع بعض الشركاء الثقة بشريكهم منذ البداية إلى حين حدوث شيء يكسر هذه الثقة. والبعض الآخر يعمل بشكل عكسي ويبني الثقة تدريجياً في علاقته. وفي هذه الحالة، تُكتسب الثقة على مدى زمن محدد وتُختبر باختبارات متنوعة قبل أن يصبح كل من الشريكين قادراً على قول "أنا أثق بك" دون أدنى شك.

دعنا نعود بالزمن إلى المرات التي حاول شريكتك فيها انتزاع اعتراف منك بأنك أخبرت كذبة بيضاء. لمَ تظنها تشكّ بذلك؟ لأنها تحاول أن تخفي شيئاً ما. فسألتك السؤال وتعرف جوابه بالفعل لترى إذا ما ستقول. دعنا نسمي هذه العملية: اختبار الكذبة البيضاء. ستحصل على اختبارات مشابهة بشكل دوري لاكتشاف مدى صدقك. إن قلت الحقيقة ستكون أمورك بخير. أما إذا فشلت في الاختبار، فستكون قد منحت شريكتك الإذن لاختبارات إضافية واتخاذ إجراءات أكثر تطرفاً كالبحث في هاتفك أو بريدك الالكتروني. ستكون قد أخفقت ببساطة. حاول أن تكون أكثر حكمة في العلاقة.

عليك أن تصير كتاباً مفتوحاً.

من خلال إخبار شريكتك بكل شيء، ستصبح كتاباً مفتوحاً. إن كانت شريكتك لا تشعر بالأمان، لأي سبب كان، ولم يكن لديك شيء تخفيه، سيكون الحل المثالي لإعادة الثقة إلى العلاقة هو أن تكون كتاباً مفتوحاً. اسمح لشريكتك بالوصول إلى هاتفك وبريدك الالكتروني. فهذا سيريح بال شريكتك ويزيل أي شكوك لديها. إن فعلت هذا ستستعيد حريتك.

نكت مل ءيشب مايقلا أطخلا نم :ًامئاد كنهذ يف هيقبت نأ كيلع ًاسرد كيلإ
لتقوم هب ول تناك شريكتك موجودةً معك. بمعنى أوضح، إن كانت شريكتك
واقفةً بجوارك، هل كنت لترسل ذلك الشخص الآخر؟ إن كان الجواب (لا)،
فهذا فعل خاطئ، وستكون بفعلتك هذه قد تخطيت أحد الحدود واقتربت من
الخيانة. هل ترسل رسائل غزل إلى زميلتك في العمل، أو تعطي الآخرين
معلومات خاصة، أو تتواصل مع حبيبة سابقة، وشريكتك لا تدري بذلك؟
توقف إذاً. كل ما تقوم به يخرق الثقة، وستخسر حريتك.

دعونا نتحدث عن نوع مختلف من الثقة. عندما تنهي مهمة كالسباكة، أو إعادة
ترتيب الأثاث، أو إصلاح السيارة، اعلم أن شريكتك تراقبك، وأنت تكسب
نقاطاً وتبني الثقة مع إتمامك لكل مهمة. وكلما زادت صعوبة المهمة، زادت
النقاط التي تكسبها. لكن إذا لم تكمل المهمة أو قمت بها بشكل سيء فلن
تحصل على أي نقاط وستخسر ثقة شريكتك رغم إتمامك للمهمة. وقد تلوقها
لك شريكتك بصراحة "لا يمكنني أن أثق بك" أو تقترح "لم لا تكلف
شخصاً آخر بإنجاز المهمة؟" وكلما طالت مدة بقاء المهمة دون تنفيذ، سيزداد
شك شريكتك بقدرتك على تنفيذها. والغريب في الأمر أن معظم الناس لا
يربطون بين المهام غير المكتملة وقلة الثقة. عندما تلوقت أنّك ستقوم بأمر
ما، قم به. والأهم من ذلك، أكمله. وكن شخصاً منجزاً. واحرص على القيام بعمل
جيد لتكتسب ثقة شريكتك.

زر إعادة التشغيل

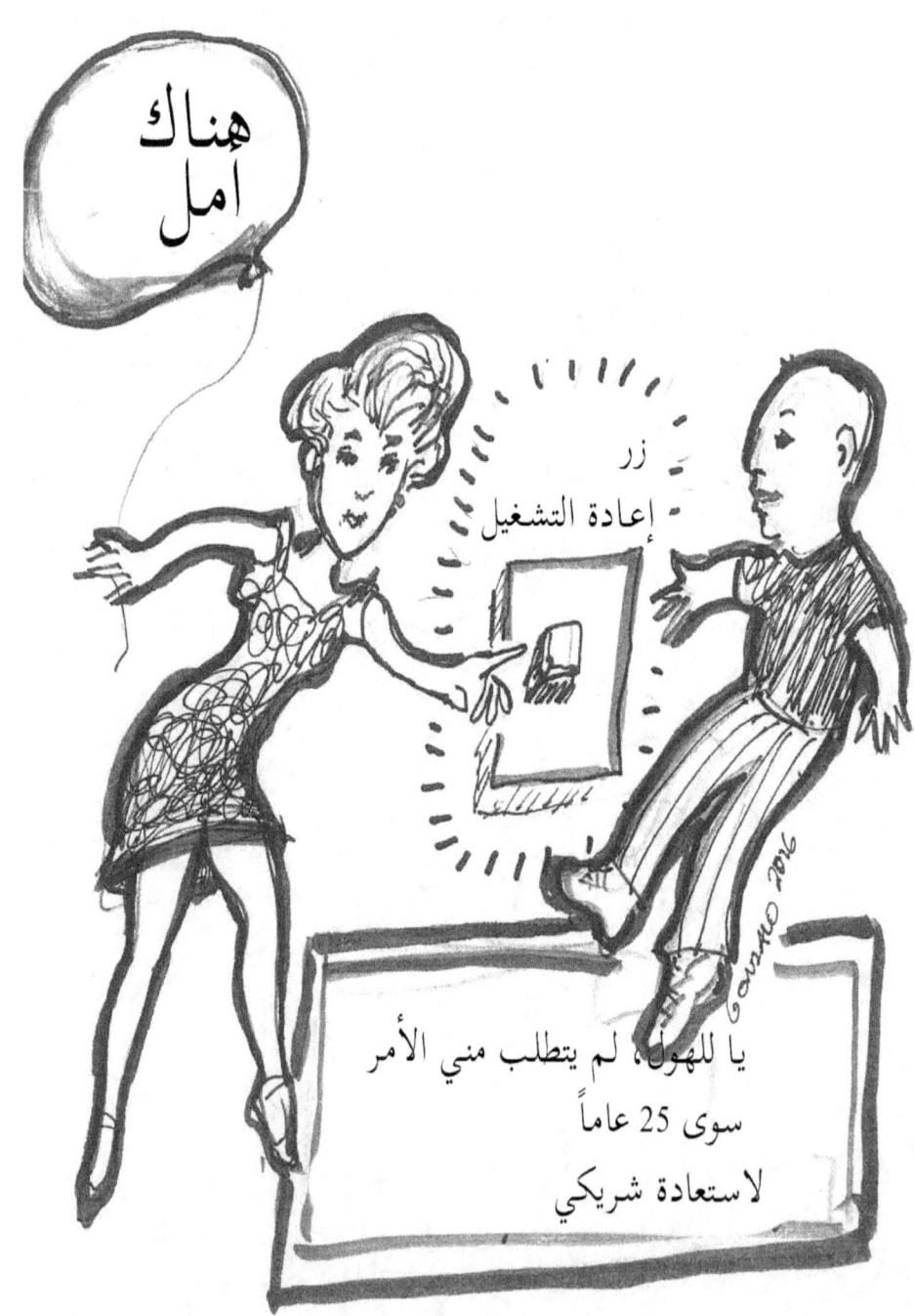

الجزء 3: إعادة بدء علاقتك لاستعادة شريكتك

الوسائل الواجب اتباعها يومياً لتحقيقالتوازن في العلاقة

الحب
العمل
الضغط
الوزن
الحدود
الصداقة
التشكيك

الجدالات
المعتقدات
الانفعالات
نمط الحياة
العادات السيئة
الأكاذيب البيضاء
الهوايات والرياضة
التقدير والامتنان
المسؤوليات المشتركة

الفصل 7: وسائل يومية لتحقيق التوازن في العلاقة

لا بد أنك سمعت المقولة الشهيرة لـ ألبرت أينشتاين: "الجنون هو أن تقوم بنفس الشيء مرة تلو الأخرى وتتوقع نتائج مختلفة" أنت لست مجنوناً لذا حان الوقت لتغيير ما تقوم به كي تحصل على نتائج مختلفة (أفضل) لعلاقتك.

بعد أن وصلت إلى هذه المرحلة، دعنا نبدأ عملية إعادة التشغيل. لكن قبل أن نغوص في تفاصيل الوسائل، خذ استراحة قصيرة. اذهب لممارسة الجري أو التأمل... افعل ما تحتاجه لتتخلص من التوتر، أو الأفكار السلبية أو الغضب تجاه شريكتك. امنح نفسك استراحة لتعود متنشطاً وتتعرف على الوسائل من منظور إيجابي.

هذا هو الجزء الذي كنت تنتظره: أدوات إصلاح الجسر. سيصبح ما عليك فعله لإصلاح ركائز شريكتك الأربعة جلياً. ستتعرف في هذا الفصل على بعض المسائل اليومية التي قد تصادفنا، مع قائمة من الأسئلة لك ولشريكتك لتجيبا عليها، بالإضافة إلى الوسائل اللازمة للحصول على تحسن عملي.

يغطي هذا الفصل بعض المشاكل عالية المستوى. للمزيد من الأمثلة والوسائل والنصائح اذهب إلى

youarerightiamwrong.ae

تمنحك الأسئلة الفرصة لإدراك الوقائع. قد تفاجئك إجاباتك وإجابات شريكتك أو تذهلك. تذكّر أن الأسئلة هي اختبار حقيقي لاكتشاف المزيد عن الشريك دون إطلاق الأحكام. سواء كانت إجاباتكما جيدة، أو سيئة، أو محايدة – وسواء اتفقتما عليها أم لا – ستساعدكما الأسئلة على التعرف على بعضكما بشكل أفضل. الهدف هنا هو إصلاح جسرك أو المحافظة عليه.

إذا شعرت بالاستياء من إجابات شريكتك أو جُرحت مشاعرك، فتوقف ودع المتابعة في وقت لاحق. في الواقع، عندما يتم التطرق لبعض المسائل اليومية، فقد يعيد ذلك بعض ذكريات الماضي السيئة والمشاعر السلبية المرتبطة بها. وهذا جزء من عملية الإصلاح. عليك معالجة شؤون الماضي، لتتمكن من المضي قدماً نحو علاقة أفضل في المستقبل. عالج كل مسألة على حدة حتى تتمكن من معالجتها جميعها.

هيا نبدأ!

الأصدقاء التوافق

تحترم شريكتك أصدقاءك
إذا كانوا يحترمون مساحتك الشخصية
يمكن أن يكون الأصدقاء ملحاحين
وعديمي المسؤولية، وأنانيين، وهذا سيقود
شريكتك إلى النفور منهم.

الصداقات

لا يمكنكما كتابة قصة معاً
ما لم تكونا متفاهمين

تحفز الصداقة الجزء من الدماغ الذي يجعلك تشعر شعوراً جيداً. يساعدك الأصدقاء على التعامل مع الضغوطات واختيار خيارات أفضل في الحياة. يبقيك الأصدقاء على جادة الصواب. ويمنحونك الدعم ويرفعون معنوياتك.

تحب شريكتك أصدقاءك إذا كانوا يحترمون مساحتك الشخصية، وكانوا عقلانيين ومرحين ويجعلون تقبل الشريك لهم أمراً سهلاً. كما يمكن أن يكون الأصدقاء متطلبين وغير عقلانيين وأنانيين، ما سينفّر شريكتك منهم. آمل أن أصدقاءك ليسوا من النوع الذي يتصل بك في أوقات غير مناسبة متوقعين منك أن تتوقف عن أي عمل تقوم به لتتكلم معهم.

إن لم تكن حذراً، يمكن لأصدقائك أن يلعبوا دوراً أساسياً في تدمير علاقتك. لماذا؟ بسبب الروابط والثقة التي بُنيت على مدى أعوام. قد يتسبب أصدقاؤك بجعل شريكتك تشكك بتقديرك في بعض القرارات الصعبة. إن تفضيلك لنصائح أصدقائك على نصائح شريكتك قد يتسبب لك بالكثير من المتاعب.

كما أن عليك الانتباه لما تشاركه عن علاقتك مع أصدقائك. من الطبيعي أن تلجأ إلى الأصدقاء طلباً للنصيحة. لكن تعدد الأصدقاء وتنوع آرائهم قد يكون ذا أثر خطير على علاقتك، خصوصاً في المسائل التي يجب أن تبقى خاصة.

إذاً، أعليك منافسة أصدقاء شريكتك المقربين؟ بالطبع لا. بل عليك تقبلهم والتأكد من أنك وشريكتك متفاهمان على كيفية التعامل مع الأصدقاء.

لكن في بعض الأحيان قد تخرج الصداقات عن توازنها وتتخطى الحدود. إذا حصل ذلك، فلا بأس بالاعتراف بالمشكلة لشريكتك أو أن تقول "أنت على حق، أنا مخطئ"

أسئلة لك ولشريكتك:

أتحب أصدقائي؟

أيمكننا التفاهم حول الوقت الذي يجب أن نمضيه في الحديث مع الأصدقاء عبر الهاتف أو شخصياً؟

ألدينا حدود نلتزم بها حول مقدار المعلومات التي نشاركها مع الأصدقاء بخصوص علاقتنا؟

هل يحاول أصدقاؤنا تخطي الحدود؟ ويدفعوننا لفعل أشياء نندم عليها؟

هل أصدقاء أحدنا متطلّبون للغاية؟

هل يتدخّل أصدقاؤنا بأمورنا الشخصية بشكل مبالغ فيه؟

هل يأتي أصدقاؤنا دون موعد مسبق؟ هل تتمنى أحياناً لو أنهم لا يفعلون لكنك لم تقل شيئاً أو ربما التمست لهم الأعذار؟

هل يستغلنا أصدقاؤنا، كأفراد أو كثنائي؟

هل نرفض طلباً لأصدقائنا عادةً؟

أتعتقد أن أصدقاءنا يسدوننا نصائح سيئة؟

أتعتقد أن أصدقاءنا يمكنهم أن يكونوا لئيمين وحقودين.

أتعتقد أنه يمكننا الاستغناء عن الأصدقاء الذي لديهم أثر سلبي على علاقتنا؟ أتظن أننا نعطي علاقتنا ببعضنا الأولوية على علاقتنا بأصدقائنا؟

وسيلة لجعل الصداقات متوازنة: التفاهم

مشكلة موضوع الأصدقاء هو أن شريكتك قد تشعر بأنها في منافسة دائمة مع أصدقائك، سواء للحصول على وقتك أو على انتباهك. قد يتسبب هذا بظهور مشاعر النقمة في علاقتك.

الشيء الثاني الذي قد يحدث إذا كانت شريكتك لا تحب أو لا تتقبل أصدقاءك. قد يُشعر أصدقاؤك القدامى أنهم يخوضون منافسة مع شريكتك. وقد يعني هذا أن شريكتك ستود إخراج أعز أصدقائك من حياتك، أو قد يريد صديقك إخراجك من العلاقة إذا شعر بالتهديد. وهذا سيتسبب بجعل العلاقة مأساوية.

تسمح وسيلة التفاهم لأصدقائك بالتعبير عن مشاكلهم مع شريكتك، وكذلك الأمر بالنسبة للشريك إذ يستطيع التعبير عن مشاكله مع أصدقائك بصراحة ووضوح. في النهاية يجب ان تكون شريكتك هي أفضل أصدقائك. عندما تفهم ما هي المشكلة الحقيقية سيكون عليك إزالتها.

الإجراء المطلوب

التواصل

دور الأصدقاء في العلاقة

حان الوقت لإعادة تعريف الصداقات. على كلا الطرفين أن يكونا واضحين حول دور الأصدقاء في العلاقة، كم من الوقت يجب تخصيصه للأصدقاء، وكم على المرء أن ينخرط في مشاكلهم. كما أنه من المهم التواصل والتفاهم حول أهمية الصداقة والصديق. فإن كان صديقاً تحتاجه وتريده، يمكنك أنت وشريكتك التسوية للوصول إلى تفاهم حول قواعد التعامل مع هذا الصديق.

التفاهم هو أيضاً وسيلة تواصل عندما تشعر أن شريكتك تجاوزت الحد وتمادت مع أحد أصدقائك. لا تقل شيئاً حتى تكونا لوحدكما. حين تصيران لوحدكما، ناقشها بالأسباب التي دفعتها إلى ذلك واتفقا معها على آلية لمنع ذلك من أن يتكرر مجدداً

وضع قواعد للأصدقاء هو جزء أساسي من وسيلة التفاهم. من الضروري وضع قواعد عندما تعتقد شريكتك أن أصدقاءك يزورونك بشكل مبالغ فيه، أو أنك تبالغ بالشرب عندما تكون برفقتهم، أو أنك تتأخر دوماً بالعودة إلى المنزل عندما تخرج برفقتهم، أو أنهم يجعلونك تبذر أموالك، أو أنهم يؤثرون سلباً على شخصيتك.

من الضروري وضع قواعد إذا كان أحد أصدقائك اعتاد أن يأتيك دون موعد مسبق، أو اعتاد أن يعتقد أن لرأيه أهمية فيما يتعلق بشريكتك. عندما يتجاوز الأصدقاء الحدود، فهل يكونون حقاً أصدقاءً تود أن تبقى على صلة بهم؟ عليك إدراك أنها وظيفتك، وليست وظيفة شريكتك، أن تبقي أصدقاءك ضمن الحدود. بمعنى آخر: عليك أن تكون أنت الشخص الذي يخبرهم بذلك، وليس شريكتك.

إن كان أصدقاؤك يهينون شريكتك أو لا يحترمونها، فعليك إيقاف ذلك فوراً. عليك إدراك أن لا رأي للأصدقاء في علاقتك. فليس من حقهم التعليق أو إطلاق الأحكام. هناك حل واحد فقط. عليك أن تساند شريكتك وتُعلم أصدقاءك أنه لا يُسمح بتكرار هذا وإلا ستنتهي صداقتك معهم. فعندما يقللون من احترام شريكتك، يقللون من احترامك أنت أيضاً.

عندما تكون غارقاً بجدول أعمالك المزدحم أو مثقلاً بهموم الحياة، لن يتبقى الكثير من الوقت لتخصصه لشريكتك، فكيف لك أن تتوقع منه أن يرغب بإمضائك الوقت مع الأصدقاء وهو يشعر بأنه مُهمَل؟ لا بأس بإلغاء لعبة البولينغ الأسبوعية ما دام وقتك محدوداً. سيتفهم الأصدقاء الحقيقيون ذلك. خصص وقتاً للأصدقاء ولكن، كن عادلاً وتذكر دائماً أن تكون الأولوية لشريكتك.

العادات السيئة
هيا
التحدث على الهاتف أثناء العشاء
المقاطعة
رفع صوتك
العناية بالهندام والنظافة الشخصية
إشكالياتالحدود
العبثبأغراض شريكك
Gonzalo

العادات

العادات مثل السرير المريح -
يسهل الدخول فيها ويصعب الخروج منها

دعوني أعرفكم على نوعين من العادات السيئة: العادات المرتبطة بالتصرفات والعادات المرتبطة بالموقف. لكلٍّ منها عادات سيئة، ويتحمل الشريك الكثير منها. لكن عندما يكون يوم شريكك مليئاً بالعمل والضغوطات، قد تجعل عاداتك السيئة شريكتك تستاء للغاية.

العادات السيئة المرتبطة بالتصرفات هي عادات نعرفها جميعنا وكنا نمتلك إحداها في وقت من الأوقات. نذكر منها: التنظيف والنظافة الشخصية المشكوك بأمرها، أو تناول الطعام بفم مفتوح، أو ترك الأطباق متراكمة في الحوض أو تحريك أغراض شريكتك دون إخبارها أو ترك غطاء المرحاض مرفوعاً. كما أنّ مقاطعة شريكتك أثناء كلامها أو رفض فعل الأشياء التي ترغب شريكتك بفعلها، يمكن اعتبارهما عادتين سيئتين. هذه فقط بعض الأشياء التي يمكن أن تجعل شريكتك تستشيط غضباً.

وهناك أنواع أخرى من العادات السيئة المرتبطة بالتصرفات مثل التكلم لفترات طويلة على الهاتف، أو أسوأ من ذلك، التكلم على الهاتف أثناء تناول الطعام، أو الانشغال الدائم بمواقع التواصل الاجتماعي، أو مشاهدة التلفاز لوقت طويل، أو لعب ألعاب الفيديو حين يحتاج شريكتك الانتباه.

العادات السيئة المرتبطة بالموقف تشمل عدم المشاركة في المهام المنزلية، أو اختلاق الأعذار لتبرير قلة أو انعدام التواصل الجنسي، أو الاعتقاد الدائم بأنك على حق. إنها الأمور الصغيرة كتجاهل رأي شريكتك أو التزام الصمت أثناء تناول الفطور بدلاً من التفاعل مع شريكتك. ومع مرور الزمن تتراكم هذه الأشياء الصغيرة لتكوّن مشكلة كبيرة.

متى بدأت بالاعتقاد أن هذه العادات السيئة مقبولة؟ عليك فهم طبيعة البشر: إن كان الشيء قد أزعج شريكتك في البداية، فأؤكد لك أنه لا زال يزعجها؛ ربما لم تعد تعبر عن استيائها منه.

إن خرجت العادات السيئة عن السيطرة، فلا بأس بأن تقر بذلك وتقول:
"أنت على حق، أنا مخطئ"

أسئلة لك ولشريكتك

هل لدينا مشاكل من ناحية النظافة الشخصية؟ هل يزعج أحدنا الآخر برائحة فمه الكريهة؛ أو عدم التخلص من الشعر الزائد، أو عدم الاستحمام بانتظام، أو الروائح الكريهة أو ارتداء ملابس قذرة؟

هل يراعي كل منا الآخر؟ أهناك أشياء نفعلها أو لا نفعلها يمكننا التطرق إليها؟ مثلاً: ترك غطاء المرحاض مرفوعاً، ترك عبوة معجون الأسنان مفتوحة، استخدام شيء ما وعدم استبداله عند نفاذه، مقاطعة بعضنا البعض، ترك أشياء مبعثرة في المنزل.

هل هناك عادة طلبت مني تغييرها لكني لم أقم بمعالجة أمرها؟ مثلاً: التذمر المستمر، السلبية، عدم المشاركة في أعمال المنزل أو المساهمة في حل مشاكل المنزل، التحدث المطول عن العمل، الاعتقاد بأن عملي أهم من عملك، التغيب عن مقابلة الأصدقاء والعائلة.

هل لدينا عادات سيئة مرتبطة بالموقف علينا تغييرها؟ مثلاً: التأجيل، أو التأخر غالباً، أو عدم الإصغاء عندما تطلب مني تغيير إحدى عاداتي.

هل حاولنا تغيير عاداتنا السيئة التي نعرف أنها تزعج الطرف الآخر؟ إن لم نكن قادرين على أن نتغيّر فكيف لنا أن نحسّن من وضعنا؟

هل تمسكت بإحدى عاداتك السيئة التي تزعجني لأنها لا تمثّل مشكلة بالنسبة لك؟

إن طلبت مني التوقف عن فعل شيء، هل يمكنني التوقف؟

وسيلة للتعامل مع العادات: التخلص منها

ابدأ بإعداد قائمة بالعادات السيئة التي ترغب بتغييرها. في الحقيقة، إن كنت تقوم بشيء يزعج شريكتك، فلم لا تحاول التوقف عنه؟ تحتاج لبذل مجهود لتغيير العادات السيئة، وقد تشعر أن الأمر صعب، لكنه ليس مستحيلاً. تقول وسيلة التحفيز: "أنت ذكي. اكتشف الأمر. أنت تعرف ما يزعج شريكتك. الآن ابذل جهدك لتغييره"

الإجراء المطلوب
التسوية
استرخ وحسب. استخدم قاعدة الـ 21 يوماً وابدأ بالتخلص من العادات السيئة التي تثير جنون شريكتك.

دعنا نستخدم قاعدة الـ 21 يوماً للتخلص من عاداتك السيئة. إنها القاعدة القديمة التي تقول إننّا إن التزمنا بسلوك محدد لمدة 21 يوماً سيصبح عادةً. اكتب رسائل تذكيرية. ضع ملصقات على المرآة أو تنبيهاً في التقويم لتذكيرك بالبقاء على الدرب القويم. اخترع آليات عملية لإبقاء الإغراء للعودة إلى عاداتك السيئة بعيداً عنك. إن كنت تمضي وقتاً طويلاً على الهاتف، أبقه في أحد الجوارير أثناء العشاء - بعيداً عن ناظريك وعن ذهنك. فكر بنتيجة تأتي لم ما لديك بتعقب يوماً 21 لمدة يومياً تحرزه الذي بالتقدم وبعد 21 يوماً من المجهود سيصبح هذا سلوكك وعاداتك الجديدة إن كنت صادقاً في التنفيذ.

عليك إدراك أنك حين تنشغل أو تصاب بالتعب ستعود عاداتك السيئة للتسلل إليك. وعندما يحدث ذلك، أعد المحاولة من جديد. الهدف من هذا هو تخليصك من أكبر عدد ممكن من العادات السيئة. واعلم أنك من خلال التركيز المستمر، ستتخلص منها إلى الأبد.

إن اعتماد نظام مكافآت يعدّ طريقة ممتازة لدعم عملية التخلص من العادات السيئة. أبسط نظام مكافآت هو النظام الذي تشارك به شريكتك. يمكن لشريكتك مكافأتك بطرق متنوعة، كأن تسمح لك بلعب الجولف طيلة عطلة نهاية الأسبوع مع الأصدقاء أو لعب ألعاب الفيديو لساعات أو رحلة مع الأصدقاء. يجب أن تتم مناقشة المكافآت والاتفاق عليها وتقديرها.

إن العادات التي تنبع من موقف تتخذه، كالتأجيل أو التأخر الدائم أو التهرب من نشاطات المنزل والمناسبات العائلية، هي أمر غير عادل بالنسبة لشريكتك. يمكنك استخدام وسيلة التفاهم هنا. حاول فهم سبب قيامك بما تقوم به. هل دافعك أناني بامتياز، أو أنك لا ترغب وحسب بإزعاج نفسك بتخصيص الوقت لذلك؟ هذا غير عادل وسيؤدي إلى علاقة غير متوازنة. كيف يعقل أن تكون شريكتك سعيدة وأنت لا تبالي بمشاعرها؟ ستخلق بسلوكك هذا شريكة صامتة لديها شعور متنامٍ بالاستياء والنقمة والتوتر.

في النهاية عليك استبدال عاداتك السيئة بعادات جيدة. لقد قمتَ بإعداد قائمة بالعادات السيئة التي ترغب بتغييرها. الآن دعنا نعدّ قائمة بالعادات الجيدة التي ترغب باكتسابها عوضاً عن السيئة. أعلِم شريكتك بالعادات الجيدة التي تود اكتسابها، كالتعبير عن رأيك أكثر، أو مناقشة الخطط معها بتواتر أكبر أو إغلاق غطاء المرحاض. عندما تفعل ما تقول أنّك ستفعله، ستحيطك شريكتك علماً بذلك كي تكون واعياً للأمر (وتُظهر لك أنه كان تصغي لك). مع الوقت، ستلاحظ أن نواياك لاكتساب عادات جيدة قد أزاحت أسوأ عاداتك جانباً.

الهوايات والرياضة

ساعة واحدة بعد

سأقوم بذلك بعد المباراة

الهوايات & الرياضة

سنأخذ استراحة من هذه العلاقة
لنقدم لكم موسم كرة القدم

الهوايات والرياضة هي متنفس للذهن وجزء ضروري من الحياة. لكن يمكنها أن تجعلك في عداد المفقودين إذا انجرفت معها كثيراً. يمكن أن تخرج هذه النشاطات عن السيطرة، كما أنها غير عادلة بحق شريكتك. إن كنت تمضي الكثير من الوقت بممارسة هذه النشاطات ولا تمضي وقتاً كافياً مع شريكتك، فقد تشعر شريكتك أنها في منافسة مع جزء آخر من حياتك. ولا أحد يرغب بخوض هذه التجربة.

إذاً، عندما يتعلق الأمر بالهوايات والرياضة، هل تمارسها بشكل متوازن؟ إن كنت تمضي كل أوقات فراغك وأنت تفكر بها فهذا حتماً بعيدٌ عن حالة التوازن. وما يزيد الأمر سوءاً أنك قد تتذكر كل ما يتعلق باللاعبين من إحصائيات وأهداف وتواريخ، لكنك تنسى ذكرى زواجك أو أعياد ميلاد أطفالك أو، أسوأ من ذلك، تنسى عيد ميلاد شريكتك. هذا سيكون إخفاقاً كبيراً من قبلك، وهذا أمر كثير الحدوث بالفعل، أكثر مما لك أن تتصوره.

إذا كان مزاجك يعتمد على نتيجة المباراة، فهذا يعني أن الرياضة هي من يتحكم بعلاقتك، خصوصاً إذا كان تفاعلك العاطفي مع اللعبة أكبر من تفاعلك العاطفي مع شريكتك. ويحك.

إذاً، من يهتم بكافة أمور التسوق والعناية بالعائلة وغسل الغسيل بينما تكتشف خطوتك التالية في فريق كرة القدم التخيلي؟ أوه، إنها شريكتك. أليس كذلك؟ أين ذهب التوازن والتسويات في هذه العلاقة؟

إن كانت الهوايات والرياضة تتجاوز الحدود، فلا بأس بالاعتراف بذلك
وقول "أنت على حق، أنا مخطئ"

أسئلة لك ولشريكتك

هل هناك توازن بين علاقتنا وبين اهتمامنا بالهوايات والرياضة؟

هل قمنا يوماً بإهمال بعضنا لأن الهوايات أو الرياضة تستنفذ كل وقتنا وطاقتنا؟

هل نتهرب من واجباتنا المنزلية بسبب الهوايات أو الرياضة؟

هل يدع واحدنا الآخر يفرغ طاقته السلبية بطريقة سليمة من خلال الهوايات والرياضة؟

هل كذبنا على بعضنا مسبقاً بخصوص الوقت الذي نمضيه بممارسة هواياتنا أو الرياضة؟

هل نمضي في الهوايات والرياضة وقتاً أطول مما يعلم به الطرف الآخر؟

هل نستخدم الهوايات والرياضة أحياناً للهروب من العلاقة؟

هل يجبر أحدنا الآخر أحياناً على إلغاء الأنشطة الرياضية أو الهوايات؟ هل يُشعرنا ذلك بالغضب من بعضنا؟

هل نتطلع لإمضاء الوقت في ممارسة الهوايات والرياضة أكثر مما نتطلع لإمضائه مع بعضنا؟

هل ندع الأحداث الرياضية تحدد مزاجنا؟ هل نكون سعيدين عندما يفوز فريقنا وتعيسين عندما يخسر؟

هل نمضي أيام العطلة بمشاهدة الرياضة بدلاً من أن نمضيها مع بعضنا؟

هل نتهرب أحياناً من واجباتنا العائلية لمتابعة حدث رياضي؟

وسيلة للتعامل مع الهوايات والرياضة: حقاً

وسيلة (حقاً) هي كما يلي. إن كنت حقاً تحتاج لمشاهدة المباراة، عليك حقاً القيام بمسؤولياتك التي التزمت بها أولاً. إن كنت حقاً تحتاج للعب جولتي جولف في صباح يوم العطلة، قم بإتمام عمل من قائمة المهام التي تعهدت بتنفيذها أولاً، ثم اطلب إذن شريكتك للعب الجولف. استيقظ في وقت مبكر جداً وقم بإتمام المهمة، وستكون الحرية من نصيبك. تدور وسيلة (حقاً) حول تعدد المهام، وإدارة الوقت، والمكافأة؛ إنها طريقة للأخذ والعطاء.

إن قدرتك على ترتيب أولوياتك والوصول إلى تسوية مع شريكتك، هي عامل هام في نجاح العلاقة. إن كنت تعتبر الهوايات والرياضة جزءاً أساسياً من حياتك، عليك الحرص على تلبية حاجات شريكتك أولاً. إذا كانت قائمة المهام التي أعلنت استعدادك لتنفيذها تقع في المرتبة الثانية بعد مباراة ما، عندها استخدم وسيلة (حقاً).

أفضل طريقة للبدء هي أن تسأل شريكتك ما هي الأمور التي تعتبرها أساسية. عندما تعد تلك القائمة مع شريكتك، اسألها مجدداً إن كان هناك شيء آخر وستتذكر كل تلك الأمور الصغيرة عندما تسألها للمرة الثانية الهدف هو معرفة كل شيء تتوقع منك شريكتك فعله.

إن إدارة الوقت والتخطيط المسبق هما حليفاك في هذه المرحلة. نظم وخطط لكل بند على قائمة المهام التي أعلنت استعدادك لتنفيذها لشريكتك، وضع في حسبانك كافة الوسائل والمواد التي تحتاجها لإتمام العملية. بحيث تشتري كل ما تحتاجه دفعة واحدة وبالتالي تختصر الوقت عندما تذهب إلى متجر الخردوات.

الإجراء المطلوب
اسأل السؤال
أيمكنك لليلة واحدة أن تتفرغ لبضع ساعات للعمل على قائمة المهام التي أنت مستعد لتنفيذها.

الأهم من ذلك، أن تنهي المشاريع التي بدأت بها. لا بأس إن كنت ترغب ببدء عدة مهام في الوقت نفسه لأنك تجد ذلك منطقياً، لكن عليك إتمامها جميعها قبل إضافة مهام جديدة. وعندما تنتهي، اطلب من شريكتك تقييم عملك لتعرف رأيها. هذا يبني الثقة بينكما ويُشعر شريكتك بأنها مرتبطة بك. والغريب في الأمر، أنه سيؤدي إلى تقوية حبها لك. لا تستخف بأثر استبدالك لقبضة الباب القديمة، أو طلاء جدران المرآب، على شريكتك. من تجربتي الشخصية يمكنني إخبارك أنك حين تبدأ بالمهام البسيطة، فهذا سيعطيك الطاقة لإكمال القائمة.

إليك جزءاً آخر من وسيلة (حقاً). مقابل كل ساعتين تمضيهما في تنفيذ الأعمال التي تعهدت بتنفيذها، اطلب ساعة واحدة لمشاهدة مباراة. تمكنك وسيلة (حقاً) من ادخار الوقت. كما يمكنك التفكير بها على أنها مكافأة.

فلنقل مثلاً أن ثمة 40 بنداً على اللائحة. إليكم ما أفعله. أكتب القائمة وأبدأ بتنفيذ 10 مهام بسيطة لا تستغرق كلّ منها أكثر من 30 دقيقة لإتمامها. ثم بالنسبة لعطلة نهاية ذلك الأسبوع أضع جدولاً زمنياً لتنفيذ كل بند منها. فلنقل أنّك تبدأ الساعة 8 صباحاً، ووضعت أمام كل بند المدة المتوقعة لتنفيذه. وإذا وصلت إلى الوقت الذي كنت تتوقع فيه إتمامك للمهمة ولكنك لم تنته منها بعد، لا تستسلم. أنهِ البنود العشر. واعمل على تحسين إدارتك للوقت في البنود العشر التالية حتى تتقنها.

كلما انتهيت من عشر مهام دع شريكتك تقيّم أداءك. قد تجد بعض المشاكل، لكن لا بأس بذلك. فعندما تعيد النظر، ستجد أحياناً أنها محقة بتعليقها. لا تجادل. أعد تنفيذ المهمة وحسب، لأنها ما لم يتم تنفيذها بطريقة صحيحة، لا يمكنك أن تعتبر أنك قد انتهيت منها.

قد يستغرق تنفيذك للبنود الـ 40 شهراً كاملاً، لكن أعدك أنك ستلاحظ تغييراً في موقف شريكتك بشأن منحك وقتاً للمرح.

لذا دعنا نبدأ، ودعني أساعدك على إتقان ذلك. وفي النهاية ستكون قد كسبت الحب والصداقة والثقة - والأهم من ذلك كله - ستشعر شريكتك أنها في شراكة حقيقية.

أوفِ بوعودك
العمل
اذا قلت
أنك
ستكون
في المنزل
بعد ساعة،
كن في المنزل
بعد أربعين دقيقة

العمل

عليك ألا تجعل بحثك عن السعادة يقتصر على العمل وحسب.
لأن العمل دون شريكك هو وحدة.

هل أنت مدمن على العمل، أم لديك حياة عمل متوازنة؟ إذا كنت مدمناً على العمل
وتمضي 80 ساعة أسبوعياً في مكتبك، أو تعود إلى المنزل لتشتكي من
إزعاج مديرك أو زملاء العمل لك، عليك أن تدرك أن خيارات العمل غالباً ما تؤثر
على علاقتك وقد تدمرها في بعض الأحيان. من الطبيعي أن تعود إلى المنزل
لتُنفّس عن مكنونات قلبك بخصوص العمل، بمعنى أن تتكلم عن الأشياء
الجيدة بقدر ما تتكلم عن السيئة. لأن شكاويك المستمرة بخصوص العمل
ستؤدي إلى إنهاك شريكك مع الوقت.

أتعتقد أن تقديم أولويات العمل على علاقتك مع الشريك هو أمر مقبول؟ إذا
وجدت نفسك تتهرب من النشاطات التي اعتدت الانخراط بها مع شريكك،
كالذهاب إلى السينما، أو زيارة الأصدقاء، أو مجرد الاستمتاع بصحبة
بعضكما، فأنت بذلك تحمل العلاقة ضغوطاً لا مبرر لها.

إذا كنت تبقى في العمل لوقت متأخر، أو تذهب إلى عملك في أيام العطلة
بتواتر أكبر من المعتاد، أو تحضر العمل إلى المنزل أكثر فأكثر، فعلى
الأرجح سيؤدي هذا إلى توتر علاقتك. إذا كنت تجد صعوبة في الفصل بين
العمل وحياتك الشخصية، ستجد نفسك تتحدث عن الناس والمشاريع دون
أن تدرك ذلك. إن لم يكن لديك ما تتحدث به مع شريكك سوى العمل، فأنت
واقع في مشكلة.

إن كان شريكك تكره عملك وتريدك أن تستقيل، قد يتجلى هذا في مجالات
أخرى، وقد تصبح شريكك أقل صبراً وأكثر عصبية. إذا كنت تحمل
ضغوطات العمل معك إلى المنزل، فقد تفرغ طاقتك السلبية على شريكك
في مجالات أخرى. إذا وجدت نفسك فجأةً تتشاجر مع شريكك بخصوص
أشياء لم تعتادا الشجار بشأنها، فالأرجح أن هذا ليس وليد الصدفة.

إذا سمحت لذلك بالحدوث، ستكون قد تجاوزت الحدود. ولا بأس بالاعتراف
بخطئك وقول "أنت على حق، أنا مخطئ"

أسئلة لك ولشريكك

هل نحن راضيان عن مقدار الوقت والاهتمام الذي يوليه كلٌّ منا لعمله؟

هل نتجاهل أحياناً المهام المنزلية بسبب عملنا خارج المنزل؟

هل يتحكم العمل بعلاقتنا أو يضع الكثير من الضغط عليها؟

هل حياتك متوازنة بين العمل والوقت المخصص للعائلة؟

هل نضع ضوابط عادلة عندما تأتي بالعمل إلى المنزل؟

هل نتحدث كثيراً عن عملنا عندما نكون في المنزل معاً؟

هل نشعر بالاستياء أحدنا من الآخر عندما نعمل في أيام العطلة أو وقت متأخر في المساء؟

هل نتوتر بشأن العمل عندما لا نكون في العمل؟ هل يسلب هذا التوتر الوقت والطاقة من علاقتنا؟

هل نقلق حيال عملنا في الوقت الذي يجب علينا أن نستمتع برفقة بعضنا أو حين نكون مع العائلة أو الأصدقاء؟

هل نلغي أحياناً أولوياتنا الشخصية بسبب العمل؟

هل نختبئ أحياناً في العمل بدل العودة إلى المنزل؟

هل نحن منشغلون جداً بالعمل لدرجة لا تترك لنا وقتاً للعائلة أو لبعضنا البعض؟

وسيلة للتعامل مع العمل: أوفِ بوعودك

يقف العمل عائقاً في طريق الحياة المتوازنة، لأنه يجعلنا نشعر في كثير من الأحيان أننا مطلوبون. ويمكنه أن يمنحنا هدفاً وشعوراً بالإنجاز، ما يغذي كبرياءنا. يمكن للشعور بالإنجاز والنصر أن يمنحنا لذة لا مثيل لها. ومن السهل أن تجعلك هذه اللذة تنجرف فيها. ويتجلى أثر ذلك في كثير من الأحيان بعودتك إلى المنزل بعد الموعد الذي قلت أنك ستكون فيه في المنزل بثلاث ساعات.

يمكن لوسيلة الإيفاء بوعودك أن تساعدك على إعادة التوازن إلى العلاقة. فهي انعكاس لمصداقيتك والتزامك وجدارتك، وتُظهر لشريكتك بشكلٍ يومي أنك شخص يمكنه الاعتماد عليه. إنها تتعلق بجعل شريكتك تضع توقعات واقعية وثم تلبية توقعاتها.

الإجراء المطلوب

اختر الخيارات الصحيحة

اعمل طوال الأسبوع على أن تتمكن من التنفيذ عندما تقول أنّك ستفعل شيئاً ما أو أنك ستعود إلى المنزل في موعد محدد.

ابدأ بالأشياء التي تبدو بسيطة لكنها في الواقع صعبة للغاية: أوف بوعدك بخصوص موعد عودتك إلى المنزل. هذا سهل. تعامل مع الأمر كما تتعامل مع مباراة، إذا كان موعد المباراة في الساعة السادسة مساءً، ستعود إلى المنزل قبل ذلك الموعد لتحرص على ألا يفوتك أي جزء منها، وأراهن أنك ستصل في الساعة 5:30 تحسباً.

إن كنت من الأشخاص الذين لا يملكون إدراكاً جيداً للوقت، اضبط منبهاً على هاتفك أو ساعتك. وإذا لم يجدِ ذلك نفعاً، اطلب من شريكتك أن تتصل بك لتذكّرك. أهم شيء هنا هو أن تفي بوعدك.

عندما تعود إلى المنزل، أطفئ هاتفك. إن كان لديك أشخاص في العمل لا يلتزمون بأي حدود، أخبرهم ألا يتصلوا بك بعد ساعة معينة إلا إن كان الأمر طارئاً. إن كان لديك عمل عليك إنهاؤه، وترغب شريكتك بإمضاء الوقت معك، استيقظ باكراً في صباح اليوم التالي وأنهِ عملك.

يعود الأمر لك لموازنة عبء العمل. بعض الأعمال يكون لها طابع دوري. وقد يمر العمل بحالة حرجة قد تعود بأثر سلبي على علاقتك. إن كانت هذه حالتك، فأفضل ما يمكنك فعله هو أن تكون صريحاً مع شريكتك بهذا الشأن. عندما تنتهي الأزمة، أعد الأمور إلى نصابها الصحيح. احرص على أن تكون على تفاهم مع شريكتك بشأن الأهداف القريبة والبعيدة المدى. إذا تغيرت خططك، قم بمشاركتها مع شريكتك. لكن أوف بوعودك مهما كان الوضع وأياً تكن التغييرات.

الإيفاء بوعودك يعني أن عليك التعويض لشريكتك عن الوقت الضائع بطريقة أخرى. كالذهاب إلى العمل باكراً أو السهر لوقت متأخر في ليلة أخرى، ما لم تكن تعاني من مشاكل في إدارة الوقت في العمل، وعليك معالجة هذه المشاكل في حال وجودها.

ستساعدك وسيلة الإيفاء بوعدك على نقل تركيزك على العمل إلى التركيز على بناء علاقة أكثر إيجابية. تذكّر أن شريكتك يحتاجك أيضاً. قد تساعدك هذه الوسيلة أيضاً على إيجاد مقاربة للعمل تكون أقل إجهاداً وأكثر فاعلية. مجرد رأي.

المساواة
المعتقدات
التقدير
المسؤوليات المشتركة
المساواة

الفصل 8: الوسائل اليومية الواجب اتباعها للحصول على المساواة في العلاقة

المناقشات
"وسيلة الاعتذار "أنا آسف
أحياناً
كل ما
تحتاجه شريك
تك هو
أن تسمع
ف س آ ك ن أ
خلاصة القول
سواء كنتٍ محقاً
أو مخطئاً
اعتذر وحسب

الجدالات

أتُفضّل أن تكون محقاً أم أن تكون سعيداً؟

ما رأيك أن تقوم، طوال هذا الأسبوع، بطلب رأي شريكتك في كل الأشياء المهمة وأن تصغي لها وتعمل برأيها عندما تستطيع؟ ماذا لو سمحت لشريكتك في كل ليلة من ليالي هذا الأسبوع بالتعبير عن نفسها دون مقاطعة أو إطلاق أحكام؟ ماذا لو أعلنت يوماً تقول فيه (نعم) لكل شيء تريده شريكتك؟ إن كانت شريكتك تميل لجرح مشاعرك عندما تكون مستاءة أو عندما تتجادلان، فهذا مؤلم. ولا تقصر أثره على هذا بل قد يمنعك من الحصول على علاقة سليمة وبناءة على المدى الطويل.

إن الجدالات والمشاجرات العرضية هي أمر طبيعي في العلاقات. لكنها إذا تحولت إلى جدالات غاضبة جداً، قد تخرج عن السيطرة بسرعة. هناك فرق كبير بين التغاضي عن بعض الأشياء، وبين غض النظر عنها لغايات خبيثة. من غير الصحي أن تلوما بعضكما أو تحطا من قدر بعضكما عند احتدام الجدال.

هل تتجادلان بشأن شريكتك في تأدية واجباتها؟ يجب عليك تولي أمر المهام المنزلية والنشاطات اليومية والالتزامات. لا عذر لديك لتلقي بها على شريكتك.

هل تتجادلان باستمرار حول الشؤون المالية؟ ربما يكون أحد الشريكين مبذراً والآخر مدبراً. يكون الأمر أسوأ في حال كان الوضع المادي الخاص بكما سيئاً. تعد المسائل المرتبطة بالمال أحد أسباب الانفصال الأكثر شيوعاً. الجدالات بخصوص المال تعني أنك لست متفاهماً مع شريكتك.

تخلق المسائل المرتبطة بالعائلة والأصدقاء مشاكل أكثر مما يمكنك تخيله. تلعب هذه المسائل على العديد النواحي العاطفية، وتؤثر على كل شخص بشكل مختلف. لذا عندما لا تحب شريكتك الأصدقاء أو العائلة أو تظن أنهم يتدخلون بشكل كبير في حياتك، سيشكل هذا الأمر مشكلة.

قد تحتاج معالجة مسائل الغيرة وقتاً طويلاً. قد تتسبب الجدالات في هذا الشأن بمشاكل كبيرة ويمكنها أن تتجاوز الحدود. إذا حدث ذلك، فلا بأس أن تعترف بخطئك وتقول "أنت على حق، أنا مخطئ"

أسئلة لك ولشريكتك

هل نتجادل بشكل مبالغ فيه؟

هل يسيطر أحدنا عادةً على مجريات الجدال؟

هل ينتهي الأمر بنا عادةً بالجدال بعد أن يتخذ أحدنا قراراً ما؟

هل نشعر بأننا أقل اتصالاً ببعضنا مما نرغب قبل أو بعد الجدال؟

هل نتجادل حول أشياء سخيفة؟

هل نتجادل حول عدم تواجد أحدنا في المنزل بالقدر الذي يرغب به الآخر؟

هل نتجادل لأن أحدنا يبذل مجهوداً أقل من الآخر في أعمال المنزل؟

هل نتجادل حول تبذير المال أو الإنفاق على أشياء لم نتفق عليها؟

هل نتجادل حول قلة الرومنسية في العلاقة؟

هل نتجادل حول تلبية واحدنا لمتطلبات الآخر؟

ه نتجادل حول عادات بعضنا السيئة؟

هل نتجادل حول مسائل مرتبطة بالعائلة والأصدقاء؟

هل نتجادل حول مقدار الوقت الذي تخصصه لعملك؟

وسيلة للتعامل مع الجدالات: أنا آسف

إن قولك "أنا آسف" يساهم بشكل كبير في معالجة الجفاء والجروح المترافقة مع الجدالات. وأفضل طريقة لتعني ما تقوله حين تعتذر هي أن تتذكر أنّك لا تعتذر لأنك مخطئ، بل تعتذر لكونك لم تكن على وفاق مع شريكتك.

هل تعرف شيئاً أكثر أهمية من أن تكون قادراً على العودة إلى المنزل لتجد شريكاً يرغب بتواجدك في المنزل؟ إذا كنتما تتجادلان كثيراً، فربما تكون شريكتك لا ترغب بتواجدك بالقدر الذي تظنه. لذا اسأل نفسك السؤال التالي: هل أجادل شريكتي كثيراً؟

هل تعتقد أنك تمتلك جميع الإجابات وأنك دائماً على حق؟ إن كان الأمر كذلك، فعليك أن تدرك أن هذا معناه أنك تعتقد أن شريكتك مخطئة دائماً. ولن ينتج عن هذا إلا شعور متزايد لدى شريكتك بفقدان الاتصال بك. حاول أن تتذكر إحدى المرات التي ظننت فيها أنك محق، وتبين لاحقاً أن خيار شريكتك كان أفضل. قد تعود نفسك على التنفس والتفكير قبل أن تصر على اعتماد رأيي. وفي كثير من الأحيان، كان قرار شريكتي هو القرار الصائب.

الإجراء المطلوب
اطرح السؤال
هل تحتاج حقاً لأن تكون محقاً؟ حقاً؟

من المهم أن تدرك أن من الممكن أن يكون ثمة أكثر من طريقة للتعامل مع مسألة صعبة. عندما لا أكون على يقين، أسأل نفسي: أتفضل أن تكون محقاً على أن تكون سعيداً؟ تذكّر أن تقول "أنا آسف" عندما تتمادى. إنها وسيلة سهلة يمكنها صنع المعجزات.

التجاوب مع الغضب بالغضب يصعّد التوتر ويجعل من الصعب حل أي مشكلة. بل يزيد الأمور سوءاً. لذا، لا تدع المحادثة تنحدر إلى مستوى الجدال. عندما تحتدم الأمور في المرة القادمة، أبلغ شريكتك أنك تحتاج وقتاً لتهدأ ثم تتابع الحديث بشكل عقلاني. يدور الأمر حول تعلّم كيفية جعل الأمور تحت السيطرة.

والأسوأ هو الجدال مع شريكتك في العلن. قد يكون الأمر مهيناً وهو ببساطة فعلٌ خاطئ. لا ترفع صوتك أبداً بوجه شريكتك في العلن. اتفق على معالجة أي أمر سلبي بينكما على انفراد. وضح هذا الأمر لشريكتك والتزم بتنفيذه. ربما ترغبان بالاتفاق على اعتماد التواصل البصري أو لغة الجسد للإشارة إلى وجود مشكلة. فهذا يسمح لكما بإبقاء الأمور في مسارها السليم، ومعالجة المشكلة لاحقاً بشكل خاص.

عليك إدراك أنه حين يتعلق الأمر بالجدال، عليك اختيار معاركك بعناية. ففي العلاقات الناجحة تتم معالجة المشاكل من منظور أخذ وعطاء فيما يتعلق بالأمور الهامة.

عندما تحتدم الأمور، قد تنزلق بسهولة إلى نفس الجدال. إن قولك لعبارات من قبيل "دائماً ما تفعل ذلك" أو "إياك أن تفعل" قد يصعِّد الجدال. خذ خطوة للخلف وفكر بالجدال من وجهة نظر الشريك. إذا كان شريكك متمسكاً برأيه بخصوص موضوع معين ولم تتمكن من حسم قرارك لأن كبرياءك يقف عائقاً في الطريق، دع الأمر وشأنه وارضخ لرأي شريكك. وصدقني، ستنام بشكل أفضل.

الكبرياء أمر عظيم، لكنه قد يقضي على العلاقة. إذ إنه يخلق شرخاً بينك وبين شريكتك، وهذا الشرخ من شأنه أن يدمر الحميمية، ويضعف الثقة، ويمنعك من الحصول على السلام مع شريكتك. لقد تعلمت كيف أن الدماغ يمكنه أن يجعل أشياء غير قابلة للتصديق تبدو حقيقية إلى درجة تجعلها تصبح حقيقة فعلاً. مثلاً: عندما أخبر أصدقائي أنني عندما أعود إلى المنزل، أحاول دوماً ممارسة الحب مع زوجتي فيقولون: "مستحيل - لن يحصل ذلك" ما أعنيه هنا أنني أترك كبريائي في الشارع كي لا يقف عائقاً في سبيل تواصلي مع شريكتي. أعود إلى المنزل شخصاً متواضعاً، ومحترماً، ومحباً، ومهتماً دون أي رغبة بالعدائية أو الجدال أو أن أكون على حق عندما يتعلق الأمر بشريكتي.

هل تعرفون مقولة ما يحدث في فيجاس يبقى في فيجاس؟ أياً كان ما يقوله شريكك خلال الشجار، يجب أن ينتهي بانتهاء الشجار. إن ظلت تلك الكلمات تزعجك في اليوم التالي للشجار، امنح نفسك فسحة بدلاً من فتح الموضوع مع الشريك بسرعة. يقود التطرق إلى الجدالات السابقة لمرات كثيرة إلى إعادة نفس الحديث مرات متعددة دون أي فائدة. استخدم وسيلة "أنا آسف" لبدء المحادثة.

المعتقدات

يحترم كل منكما مساحة الآخر

القيم

جنسي

تربية العائلة

الاختلافات

أفضل شعور في العالم
أن تكون شخصاً مرغوباً لذاتك

ليس من السهل التعامل مع المعتقدات المختلفة في العلاقة، لكن الحب جنون. رغم ذلك، لكن الشركاء متلازمين بالعلاقة، إنّ اختلاف المعتقدات اكان الشركاء مهم، أمهم كان الشركاء متلازمين بالعلاقة، إنّ اختلاف المعتقدات الدينية أو السياسية وجهات النظر الأخلاقية قد يشكّل تحدياً كبيراً لعلاقتك.

لكنه في الظاهر. لكن عندما نتحدث عن المعتقدات، قد يبدو هذا الموضوع بسيطاً في الظاهر. عندما تتعلق لهل المسائل من نوعة مجموعة يغطي أنه أثناء جرح زواج تتحدد الحدود أثناء عندما إذا؟ لشريكك الإساءة الأمر بك يهنيي وشريكك تكتك معتقدات مناقشة لما جداً ستُعلِمك شريكك أنك تزوجت الحد. وعليك الانتباه جيداً لما تقوم به في هذه الحالة. فعلتك ذلك،

كتاقاتك تعلي أنّ ن حين يحق في ففي السيطرة. عن السياسية وشؤون تخرج أن نمكني و إلا إلا، لكل بك مشاكب بسبب تت لا قد الاجتماعي التواصل لئاسل وسو على كتادغرغتو أن تتزوج كك للحد في قد يسبب لك مشكلة ككبيرة.

الأمر بسبب وقد، كتمعتقداتك معتقدة عن مختلفة ديمنية معتقدات لكتكيرك لشريكك كان إذا إذا أن كيفية قوية علاقة لبناء. لكل ذلك هل تحمح إذا رترتوتاو داهاو الإجابة من ريثيك الكثير تتعلق بالعادات يتعلق أميفي أصصصاً خ، الشريكة ةحيا حي في فعال لككشك بك كراشك تأسررامهم هذه هذه في كةكرة المشاركة اختارت عدم تترت اذا إذا. معتقداتك بالمرتبطة ديالقاوالت أو أساسانقلق يخلق وقد غريبة، وقو ذلك تشعر شريكك بأنها غريبة، الجوهرية، فيسفيرة ذلك تشعر شريكك كتككيرك ن شريكك نبيين وكنبيي.

مودت يي تةديحوليود تاقاقالعلاف. أساسي أمر هو لكتكيك شريكك تمعتقدات احترام إن احترام الكشريك فادهافاو تمعتقدات هاجة احترام تيّميتو و تعزز العلاقات التي يي هي اهايفي ةعمتملا على روثعلا والمكتكتافاختلاف باء تافاحتلالل اصصصص خرصصة. الخاصة. كراشم لعلجعجيو فاشكتكاستست إلى ال الاختلاف ليحوحت على دعاسي أن اذلا ذهلا نكمني يمكن المعتقدات أمر أمممتعاً.

فترعتعت بأن لا أبأس أن تعترف قد زواجي تتطيكتعا المعتقدات مع الحدود إذا ذلك ثحدث إذا قد
"كتخطئك وتقول لول أنت على حق، أق، أنا مخطئك"

أسئلة لك ولشريكتك

هل نحترم معتقدات بعضنا خل خ؟انضعب مرحترم نحن بالقدر نفسه؟

هل نفكر (بين أنفسنا ربمأ) أب أن أحدنا محق أكثر من الآخر؟

هل نحترم حق بعضنا بالامتلاك اراء مختلفة عندما تكون المعتقدات هي محور الموضوع؟

هل نواجه أحياناً فرض معتقداتنا المختلفة على بعضنا؟

هل نواجه العثور على أضرار مشتركة عندما تكون معتقداتنا المختلفة؟

هل نتناقش بالأمر عندما تشكل معتقداتنا المختلفة مشكلة؟

هل نحترم معتقدات بعضنا الدينية والروحية؟

هل نحترم معتقدات بعضنا السياسية؟

هل يحترم مرّ كلّ منا أسلوب الآخر في ادارة الشؤون المالية للعائلة؟

هل معدن كافرأو الحلام بعضنا الناتجة عن معتقداتنا؟

هل نسمح لبعضنا بمشاركة معتقداتنا مع الأصدقاء والعائلة؟

وسيلة للتعامل مع الاختلافات: الاحترام

لا بأس بأن يكون لشريكتك معتقدات قوية مختلفة عن معتقداتك. فيما يتعلق بالدين والسياسة والأطفال والطريقة التي يجب أن يسير العالم بموجبها، إن التوصل إلى تفاهم فيما يتعلق بهذه الأمور سيجعل علاقتك أسهل. عندما لا يكون هناك تفاهم حول هذه الشؤون، فإن ذلك سيضيف المزيد من الضغوطات والتوتر إلى العلاقة، وبالتالي يجب استعمال وسيلة الاحترام المتبادل. دع شريكتك تمتلك وجهة نظر مختلفة دون أن تقابلها بالكراهية أو السمية. الاتفاق أساسي هنا، كما تقول الحكمة: فلنتفق على ألا نتفق.

مع التغييرات الكبيرة التي تحصل في العالم بإيقاع متسارع، من محادثات طويلة ومكثفة، عبر الانترنت أو شخصياً، تدور بمعظمها حول السياسة والصحة. لا يتم التعامل باحترام مع الاختلافات، خصوصاً على صفحات مواقع التواصل الاجتماعي. وقد يأتي وقت تتعرض فيه شريكتك ومعتقداتها للهجوم من قبل الآخرين. إن حدث ذلك، عليك أن تدافع عن شريكتك وتحميها.

الإجراء المطلوب

التسوية

توقف عن إصدار الأحكام. احترم

رأي شريكتك

عندما تتناقشان بخصوص وجهات نظركما أو آرائكما، لا تحاول أن تثبت وجهة نظر لأنك ترغب بذلك. فهذا خطأ. من حق شريكتك أن يكون لها رأيها. يسن معظم العالم أن للجميع حقاً في آرائهم الخاصة. إذا أردت محادثة شريكتك حول المعتقدات المختلفة، عليك أن تحرص على خوض المحادثة من باب الفضول وباحترام تام لشريكتك.

اسمح لشريكتك بالتعبير عن أفكارها ومشاعرها بشكل منفتح وصادق. لا تطلق الأحكام، أو تسخّف الأمور، أو تنبذ شريكتك بسبب اختلاف في المعتقدات، والأهم من ذلك كله لا تحاول العمل على تغيير أفكار الشريك. إذا بدأت المحادثة بالشكل التالي: "كيف يمكنك أن تعتقدي..." ستكون محادثة فاشلة.

أكبر مشكلة يمكن أن تواجهها العلاقة هي قلة التواصل. عليك ان تكون مستمعاً فاعلاً دون شجار. فهدفك أن تعمل على تحسين الفهم المتبادل. يحتاج الإصغاء جيداً إلى مجهود وتركيز، وستعرف أنك أتقنت الأمر عندما تصغي لشريكتك دون أي تشتيت أو أحكام، وتتجاوب معها دون أن تشعر بأي استياء أو انزعاج. من الضروري امتلاك القدرة على مناقشة اختلافات الرأي. إن احترام رأي شريكتك والحصول على الاحترام في المقابل، هو ما يجعل العالم يدور.

يستطيع الشركاء الذين يتواصلون بشكل فعال مع بعضهم أن يحدوا من أثر اختلافات الرأي. عندما لا تتفق مع شريكتك، استخدم وسيلة الاحترام المتبادل. إن كنت لا تفعل ذلك وتحاول فرض آرائك بشكل مستمر، ستتسبب منفرداً بتدمير علاقتك.

التقدير
التفاصيل
الصغيرة
هي
هي التي تهم
العمل والإجهاد لا يبرران لك
لا زال عليك
مساعدة شريكك في أعمال المنزل
VENICE
أن تنسى القيام
بشيء وعدت
بالقيام به

التقدير

إن لم تظهر التقدير لشريكتك عندما تستحقه،
ستتوقف عن فعل الأشياء التي تقدّرها.

جميعنا نحب أن يتم تقديرنا، خصوصاً من قبل الأشخاص الذين نحبهم. إن التقدير هو أهم شيء يمكنك القيام به للحصول على رضا شريكتك. حيث أنّ الشركاء الذين يقدّرون بعضهم يومياً الأشياء الصغيرة والكبيرة يصلون في النهاية إلى علاقة ملؤها الامتنان. من الطبيعي أن تختلف طبيعة التعامل من يوم لآخر، إذ قد ينسى الشريك الإعراب عن تقديره لشريكته بسبب ضغوطات العمل أو التوتر أو لأسباب صحية. فمن الطبيعي أن نميل للانغماس بمهامنا عندما نكون مشغولين إلى حد كبير، وقد يؤدي بنا ذلك إلى اعتياد بعض العادات السيئة.

إن قلة التقدير في العلاقة تعدّ أمراً غير عادل بحق العلاقة إذ أنها قد تولّد نقمة عند الشريك. وهذا سيقود إلى الإساءة للعلاقة. لا داعي لإقامة الاحتفالات كلما قام الشريك بإنجاز إحدى المهام التي يعبر عن استعداده لتنفيذها أو أي شيء آخر. لكن سيكون جميلاً أن يتلقى الشكر. فعندما تتحول مشاعر الشريك من الرغبة في العناية بشريكته إلى توقعات من قبل شريكته أنه سيتم الاعتناء بها، ستتسبب قلة التقدير هذه بنقمة الشريك.

إليك بعض الدلالات التي قد تشير أن هناك قلة تقدير في علاقتك: عندما لا يقول لك شريكك أبداً "شكراً لك"، أو لا يطلب نصيحتك أو رأيك أبداً، أو يضع المخططات دون استشارتك، أو لا يساعد في أعمال المنزل، أو لا يقوم بتحضير شيء للمناسبات المميزة، أو لا يبذل مجهوداً ليكون رومنسياً، أو لا يؤمن بك، أو لا يراعي مشاعرك، أو لا يسألك عما حدث معك اليوم، أو يأتي ويذهب دون أن يعلمك حتى، أو يدعو الأصدقاء إلى العشاء دون أن يسألك، أو يقبل دعوات عائلية دون أن يسألك.

إن عدم إظهار التقدير يوحي بأن كلاً من الشريكين يعتبر الآخر أمراً مسلماً به. إن كنت أنت من نسي أن التقدير هو وسيلة لإظهار الحب. فلا بأس إن اعترفت بخطئك وقلت: "أنت على حق، أنا مخطئ"

أسئلة لك ولشريكتك

هل يشكر كل منا الآخر على الأشياء الصغيرة كما الكبيرة؟

هل نعلم ما هي أكثر الأمور التي تشعر كلاً منا بالفخر ونريد أن يتم تقديرنا عند قيامنا بها؟

هل يسأل كلٌّ منا الآخر عن مجريات يومه؟

هل نتوقع الحصول على التقدير عندما يساعد أحدنا الآخر؟ وهل نحصل عليه فعلاً؟

هل نتخذ القرارات دون استشارة بعضنا البعض؟

هل نسرح بأفكارنا عندما نتكلم مع بعضنا؟ هل نصغي حقاً لبعضنا؟

هل نقول "لا" لبعضنا أكثر مما نقول "نعم"؟

هل نطري على بعضنا بانتظام؟

هل نطلب نصيحة بعضنا؟

هل نستشير بعضنا عندما نضع المخططات؟

هل نخرج كثيراً بمفردنا أو برفقة الأصدقاء، ونترك الشريك الآخر في المنزل؟

هل يقوم كلٌّ منا بقسم مناسب من المهام والأعمال المنزلية؟

هل يحضر كل منا المناسبات العائلية؟

هل نبذل كلانا مجهوداً لنكون رومنسيين؟

هل نأتي ونذهب كما نشاء؟

هل يحيط كلٌّ منا الآخر علماً بجدول أعماله؟

وسيلة للتعامل مع التقدير: أنا غبي

هل تقدّر لشريكتك كل ما تقوم به من أجلك، أم تعتبرها أمراً مسلّماً به؟ ألستَ متأكداً؟ اكتب قائمة بالأشياء التي تقوم بها شريكتك من أجلك يومياً، كالمهام المنزلية، أو تحضير العشاء، إعداد القهوة في الصباح، التسوق، الغسيل، كسب المال لدفع الفواتير، صيانة السيارة، حجز مواعيد لدى الطبيب، إلخ. ثم اطلب منها تفقد اللائحة لإضافة أي شيء قد تكون غفلتَ عنه. قد يكون هناك العديد من الأشياء التي تقوم بها شريكتك لأجلك دون أن تدري بها أصلاً.

اطلب من شريكتك أن تُعدّ نفس القائمة بالأشياء التي تقوم بها من أجلها ومن أجل عائلتك. قارن بين القائمتين. إذا كانت شريكتك تحمل عبئاً يفوق العبء الذي تحمله، فأنت واقع في مشكلة. في معظم الأحيان ستكون القائمة الخاصة بك لا تقارن بقائمتها. وهنا يأتي دور وسيلة (أنا غبي).

إن قولك لكلمة "شكراً" يعد أبسط وأوضح طريقة لإظهار الامتنان لشريكتك، لكن هذا لا يصلح إلا نادراً. لذا إن لم تكن تتوكل على حصةً عادلة من أعباء المنزل، اعترف بأنك غبي وشريكتك المذهلة. والأهم من ذلك أن تتطوع للقيام بالمزيد من المهام وتحمّل عبء متوازن مع الذي تحمله شريكتك.

الإجراء المطلوب
اختر الخيارات الصحيحة
أظهر الحب والعاطفة يومياً.
ابدأ بإحضار القهوة إلى السرير أو بقبلة.

يمكنك أيضاً البدء بإظهار المزيد من التقدير من خلال ترك ملاحظات لطيفة. خبئها في مكان يسهل على شريكتك العثور عليها فيه: على لوحة القيادة في سيارتها، أو على مرآة الحمام، أو تحت وسادتها. من المذهل كم يمكن للملاحظات المحبة هذه، أو لمكالمة من ضمن عملها تخبر شريكتك فيها أنك تحبها، أن تضيء نهار شريكتك وتبقي علاقتكما متقدة بالحماس.

إن كانت شريكتك قد أمضت أسبوعاً صعباً، فإن تطوعك للقيام ببعض المهام بدلاً عنها سيعني لها العالم بأسره. امنحها بعض ساعات هادئة لتنفّس عن ذاتها في الحمام أو لتقرأ كتاباً. تولّ أمر التسوق والطبخ وتنظيف الأطباق ومساعدة الأطفال في فروضهم المنزلية.

يمكنك شكر شريكتك من خلال الهدايا: كالزهور أو التخطيط لموعد رومنسي
معها مع الحرص على إبقاء هاتفك بعيداً طوال الموعد. فاجئ شريكتك بشراء
شيء رأته وأحبته لكنها لم تقم بشرائه. كما عليك ألا تنسى عيد ميلادها
أو أبداً تدع عيد الحب يمر دون إرسال بطاقة وزهور أو أياً كان ما يمكنك مفاجأة
شريكتك به. لا تقل أنّها مناسبات غير مهمة أو غير حقيقية. إنها مجرد بضع
أيام في السنة. يمكنك خلال إظهار امتنانك لشريكتك، وسيعود عليك الأمر
بالنفع فلا أحد لا يحب الامتنان.

يمكنك أيضاً إضافة يوم (نعم) إلى نظامك. يعمل الأمر بالطريقة التالية:
أياً يكن اليوم الذي اتّفق عليه وأياً كانت طلبات شريكتك، عليك أن تقول
"نعم". لذا قوما بالاتفاق على قائمة بالطلبات التي يمكنكما طلبها. وبعد
الجولة الأولى لكلا الطرفين، يمكن تعديل القائمة. إذاً، فلنقل أنّه تم
الاتفاق على أول سبت من كل شهر. ويكون دورك أولاً، وفي الشهر التالي
يأتي دور شريكتك. وهنا يتوجب عليك قول "نعم" لأي شيء تطلبه شريكتك
طوال اليوم.

سيكون يوم (نعم) مذهلاً على العديد من الأصعدة. لأن شريكتك ستتمكن في
هذا اليوم من الحصول على كل رغباتها، خصوصاً ما تفرض أن القيام به عادةً.
ورغم صعوبة الأمر عليك، لكن عليك النظر إلى الجانب المشرق. ستشعر
شريكتك بشعور رائع لمدة يوم كامل كل شهرين. سيعيد هذا النشاط الحيوية
إلى العلاقة لأن رغبات شريكتك سيتم تلبيتها.

عند تجربتك يوم (نعم) للمرة الأولى ستشعر أن الأمر يشكل تحدياً، لأن
إجابتك الاعتيادية على تلك الطلبات كانت لتكون "لا". لكن فكر في
الأمر قليلاً. إنها شريكتك التي تحبها وتهتم لأمرها، ولديها طلب سيجعلها
سعيدة. لمَ قد ترفضه؟ أؤكد لك أنك إن قمت بتلبية رغبات شريكتك
فستحبك أكثر.

يعد يوم (نعم) فرصة لكل شريك ليتعرف على ما يسعده. كما ستتمكن
من معرفة ما تفتقده شريكتك في العلاقة. وسيسمح لشريكتك بتلبية
طلباتها بطريقة ظريفة. كما أنه يتحدى الشريكين من ناحية الأماكن التي
ما كانوا ليذهبوا إليها والأشياء التي ما كانوا ليفعلوها. في النهاية، قد
تكتشف أنك تستمتع بشيء ما كنت لتجربه يوماً.

اصمت وقم بذلك وحسب

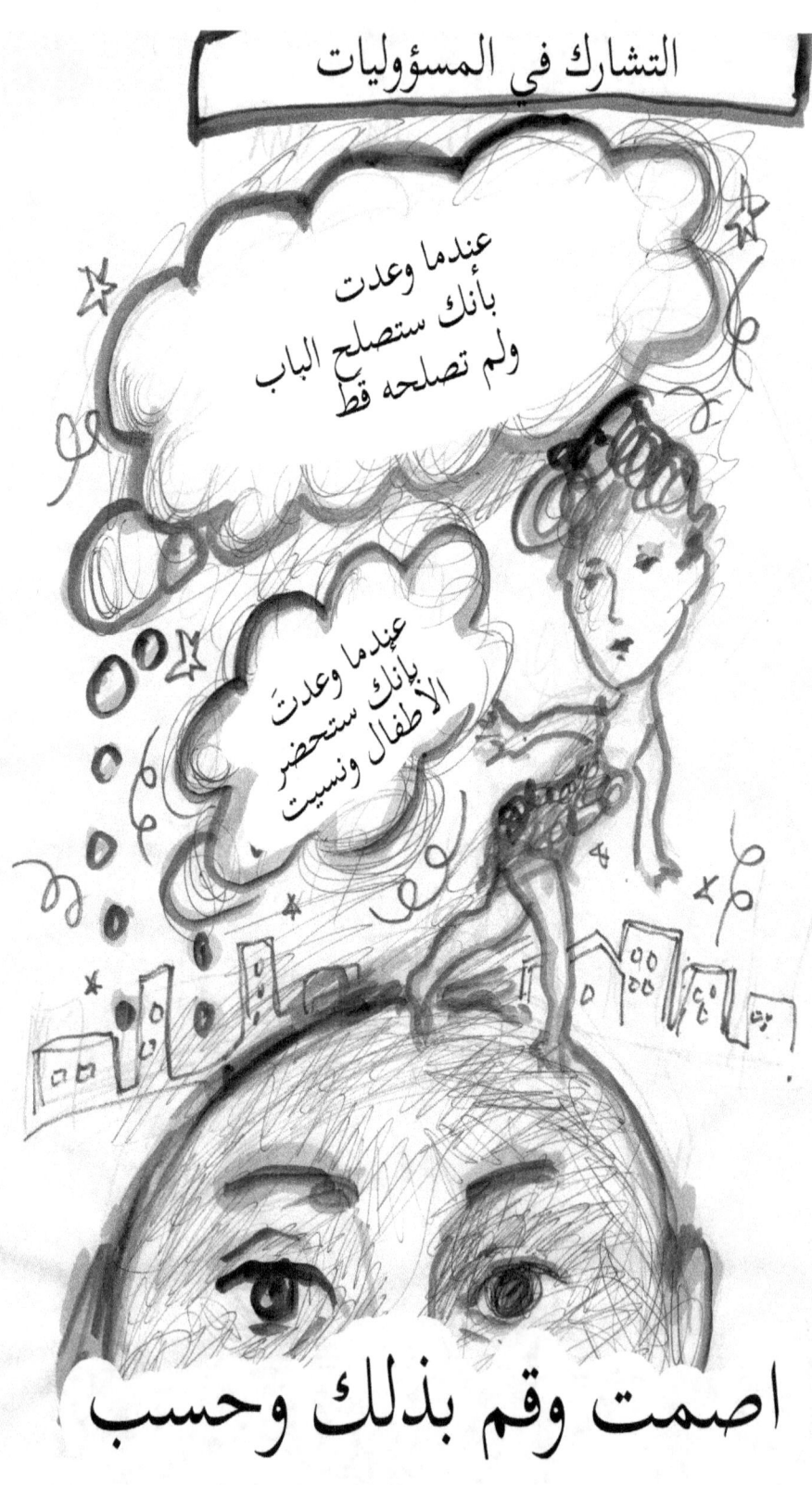

المسؤوليات

إذا كنت تظن ان مكان شريكتك في المطبخ،
تذكّر أنّه المكان الذي توجد فيه السكاكين.

الشراكة بالتعريف هي المشاركة والتعاون في إنجاز الأشياء. لا أحد كامل، لكن على الشريكين أن يشعرا بالاستقرار، ويكونا وفيين، ويمتلكا الإرادة للعمل مع بعضهما. إذا لم تُلبى هذه المعايير، قد تتولد النقمة.

مشاركة المسؤوليات - كلمتان تبدوان واضحتين وصريحتين ظاهرياً. لكن إذا تعمقنا في البحث سنجد أن الكثير من القتالات، وحالات الطلاق، والتعاسة، والنقمة تنجم عن هاتين الكلمتين.

تتصاعد المشكلات بدءاً من رغبة أحد الطرفين في العلاقة بأن يساهم الطرف الآخر بطريقة أكثر فاعلية. لا يهم إن كنت رئيس إحدى الشركات وتطلب منك عملك السفر الدائم. بالطبع يمكنك تبرير الأمر بأنك تؤمن الأموال للعائلة. لكن، إذا كان معنى ذلك أن تكون غير حاضر في العلاقة، فلن تشفع لك كل أموال العالم. ما يهم شريكتك هو أن تكون حاضراً في العلاقة جسداً وعقلاً وروحاً.

إن كانت طريقتك في تشارك المسؤوليات تعتمد على إحضار مساعدة خارجية لإتمام العمل، فربما تكون تقنياً قد أتممت العمل. لكن هذا ليس عملاً جماعياً. فعندما لا تساهم شخصياً بتحمل أعباء العلاقة، وتساهم في تشارك المسؤوليات فعلياً، فهذا يعني أنك تترك العبء بأكمله على عاتق شريكتك. وهذا قد يكون نابعاً من شعورك بالأفضلية. وسيؤدي إلى تولد النقمة وعدم التوازن في العلاقة، وبالتالي سيتصاعد الغضب.

عندما تساهم مساهمة بسيطة في تشارك المسؤوليات وتعتقد أن هذا عادل، تذكّر أن شريكتك قد تنظر إلى الأمر بطريقة مختلفة تماماً. إن لم تسأل شريكتك عن الأمر فلن تعرف أبداً إن كانت تظن هذا عدلاً أم تراه مشكلةً يجب حلها.

إذا كانت مساهمتك بسيطة في تشارك المسؤوليات. فلا بأس بأن تعترف بالأمر وتقول "أنت على حق، أنا مخطئ"

أسئلة لك ولشريكك

هل يشعر كل منا بالتعب والإرهاق لأننا لا نتساعد بما فيه الكفاية؟

هل نتشارك تنظيم نشاطات العائلة والمهام المنزلية؟

هل لدينا قوائم غير مكتملة بالأفعال التي أعلنّا التزامنا بتنفيذها ولا زالت معلقة منذ أكثر من ستة أشهر؟

هل لدينا أوقات فراغ متساوية أم أنّ أحدنا يجهد نفسه بينما يرتاح الآخر؟

هل يتهرب واحدنا من الآخر تاركاً إياه مع قائمة لا تنتهي من المهام الواجب تنفيذها بينما يكون الآخر في عداد المفقودين؟

هل نتذمر من تقصير بعضنا في مهامه، ولا نحصل بالمقابل إلا على الأعذار؟

هل يلجأ أحدنا إلى التسويف والتأجيل فيما يتعلق بالمهام المنزلية؟

هل نترك كل ما بين أيدينا لنقوم بتنفيذ المهمة فور طلب الآخر لها؟

هل يعتقد أحدنا أنّ لشريكه توقعات غير عادلة منه؟

هل ننسى القيام بما وعدنا بالقيام به؟

هل نتقاتل حول الجهد الذي يبذله كلٌّ منا للحفاظ على العلاقة؟

وسيلة للتعامل مع المسؤوليات: اصمت وحسب وافعلها

يحتاج الأمر وقتاً للتفاهم مع شريكك واكتشاف ما يحتاجه كلٌ منكما. الهدف هو تولي المسؤوليات كثنائي وليس بشكل منفرد. كن الشريك الذكي الذي يبادر بتطبيق وسيلة (اصمت وحسب وافعلها).

الجزء الأول من وسيلة (اصمت وحسب وافعلها) هو التسوية أما الجزء الثاني هو التنظيم. فهذا هو مفتاح معالجة كافة المسائل العالقة. تذكر أن المهام المنزلية لا تقتصر على التنظيف، بل تشمل أيضاً أشياء أساسية كدفع الفواتير، إصلاح البث التلفزيوني، التخطيط للوجبات، وإحضار الهدايا للعائلة في أيام الأعياد. عليك إعداد قائمة بالمهام التي يجب القيام بها خلال الأسبوعين القادمين وتحديد الشريك الذي سيتولى مسؤولية كل مهمة. إذا انشغل أحد الشريكين، على الشريك الآخر أن يصمت ويقوم بالمهمة. فهكذا تكون الشراكة، وتحتاج فريقاً للفوز بالمباراة.

تكون التسوية من خلال ابتكار طريقة عادلة لتشارك المسؤوليات. بما أننا جميعنا هنا بالغون، ويشعرنا مصطلح المهام المنزلية بأننا في الخامسة من عمرنا، سنقوم بتسميتها "النشاطات". إذاً، اقسما النشاطات بشكل متساوٍ، ابدأ بتوزيع النشاطات بناءً على مهارة كل منكما في كل نشاط. ولتفادي العودة إلى الجدال القديم نفسه، أكمل قائمة النشاطات الخاصة بك. إذا لاحظ أحدكما أن شريكه يضيع الوقت ويتراخى في العمل، فعليه إعلان ملاحظته للأمر ومنع الشريك من اللهو إلى حين إتمام النشاطات.

الإجراء المطلوب

التواصل

اتخذ المبادرة لإعادة هذه العلاقة إلى مسارها الصحيح. بادر بتنفيذ المشاريع الموكلة إليك والتي عليك إتمامها هذا الأسبوع.

عليكما الحرص عندما تقومان بتوزيع النشاطات بناءً على مهارة كل منكما، خصوصاً إذا كانت نتيجة هذا التوزيع غير متوازنة. على شريكك تعلم بعض المهارات الجديدة. فلنعلمه كيف يقطع البصل أو يغسل الصحون أو يبرمج جهاز التحكم عن بعد. لكن لا تنتقديه ولا تعيدي تنفيذ المهام بعده لأن النتيجة لم تعجبك. فهذا سيجعل شريكك يخرج من الموضوع ولا ينفذ هذه المهمة مرةً أخرى.

ثم قم بتنظيم الأمور من خلال مهارات تنظيم الوقت التي تعلمتها. مثلاً عليك أن تخصص ساعة للعمل الجاد مقابل كل ساعتين من المرح. الهدف هو إتمام قائمة المهام وعندما تنتهي اطلب المزيد. فكر بالأمر بالطريقة التالية: “من الأفضل لي أن أقود سيارتي وأنا على يقين بأن المكابح تعمل” أو “يا إلهي، يمكنني دعوة الأصدقاء الآن دون أن أخشى عليهم من الوقوع في الحفرة الموجودة في أرضية السقيفة”

اصنع قائمة تحدد المهام المطلوبة في الأسبوع القادم ومن سيتولى كل منها. أعدّ جدولاً زمنياً بمواعيد نهائية محددة. ضع منبهاً في أحد تطبيقات المهام الواجب تنفيذها أو اصنع قائمة وألصقها في مكان مرئي للجميع كالبراد مثلاً. إذا أخفقت، أخبر شريكتك أن من حقها التذمر من الأمر لحين إتمام المهمة المحددة. المجال الوحيد الذي يسمح لأحد الطرفين بالقيام بالمهمة نيابةً عن شريكه هو في حال كان جدول أعمال شريكه ممتلئاً لدرجة تمنعه من إتمام المهمة أو كان مريضاً. ابتكر طريقة لتفقد كل منكما لتقدم الآخر وإذا ساورتك الشكوك حيال جودة العمل، اصمت وحسب وقم بالمهمة بنفسك.

الامان
الشعور بأنك محبوب
داه ج إل او رت وت ل اب روع ش ل ا
Gonzalo
الطبع
الوزن

الفصل 9: وسائل يومية لتعزيز الأمان في العلاقة

الحب الأمل
الفيتو
STOP
قبل شريكتك عندما
تستيقظ العناية بالهندام
والنظافة الشخصية
أمسك بيدها
احتسِ كأساً من النبيذ ريثما تصل إلى المنزل
اصطحب
شريكتك في
موعد
أحضر لشريكتك القهوة إلى السرير

الحب

كل الأشياء العظيمة بسيطة ويمكن
احتواؤها بكلمة واحدة: الأمل.

تولّ مسؤولية شراكتك وابدأ بإدخال الأمان إلى العلاقة. فالأمر يعتمد عليك. يمكنك بمفردك أن تصنع فارقاً من خلال جعل أفعالك تقود الطريق. تولّ مسؤولية علاقتك من خلال جعل شريكتك تشعر بأنها الشخص الأهم في حياتك - أهم من عائلتك وأولادك حتى. تولّ مسؤولية هذه العلاقة ولا تدع أحداً يتدخل بها سوى شريكتك. تولّ مسؤولية هذه العلاقة واحرص على أن يكون صوت شريكتك مسموعاً. استوعب أنّك في كل مرة تنتقد شريكتك أو تهاجمها أو تجادلها أو تدلي بتعليقات سلبية تجاهها، فإنك تضعف العلاقة وتُضعف الحب فيها. يمكن أن تكون الأخطاء الأربعة التي ذكرتها في الفصل 2 مدمرة لأي علاقة. إن كان أحد هذه الأخطاء، أو أكثر من خطأ واحد، حاضراً في العلاقة، فستجد نفسك في منزلق خطر يقودك إلى الشعور بأنك غير محبوب، هذا إن لم تكن قد وصلت إلى هذه المرحلة بالفعل.

في كل مرة تنغلق فيها على نفسك أو تنعزل تفادياً لخوض الحديث عن المسائل المحورية، يزداد التباعد بينك وبين شريكتك. وهذا يؤثر سلباً على الحب في العلاقة.

كيف ستتمكن من إظهار الحب لشريكتك إذا كنت دائم الغضب؟ لا يمكنك ذلك. كيف ستتمكن من أن تحب شريكاً يصرخ بوجهك دائماً لأي سببٍ كان؟ لا يمكنك ذلك. وهذا ما يحدث عندما تتهرب من مسؤولياتك كشريك وتتحول إلى مجرد رفيق سكن سيء.

إن كنت تشعر أنك تتلقى القليل من الحب، أو لا تتلقى أي حب، من شريكتك. أؤكد لك أنها تمتلك نفس الشعور. في هذه الحالة، سيكون الاحترام بينك وبين شريكتك قد بات مفقوداً. وحل محله الغضب والنقمة والمشاعر المختلطة تجاه العلاقة... وفي هذه المرحلة يتساءل كلاكما عن سبب تواجده في هذه العلاقة البائسة.

قد تكون قلة الحب ضارة جداً بالعلاقة. إن كان هذا قد حدث بالفعل، وتريد أن تعيد الأمور إلى نصابها، اعترف بالأمر وقل "أنت محق أنا مخطئ."

أسئلة لك ولشريكتك

هل حدث يوماً وشعر كل منا بأنه غير محبوب لأن أحدنا أو كلينا مغيب عاطفيا؟

هل يظهر واحدنا للآخر الحب من خلال القيام بالأشياء التي تسهل حياة الآخر؟

هل نشك يوماً في حبنا لبعضنا والتزام كل منا بعلاقته مع الآخر؟ إذا كان هذا هو الحال، ماذا نفعل بشأن هذه الشكوك؟

هل نظهر لبعضنا الحب والتقدير من خلال مبادرات صغيرة، كتحضير القهوة أو الحمام لنسمح للآخر بالاسترخاء؟

هل نتوقف ونصغي للآخر عندما يُطلب منا ذلك؟

هل نلغي مخططاتنا إذا علمنا أننا يجب أن نكون متوفرين لدعم بعضنا البعض في مسألة معينة؟

هل نتعانق ونقبل بعضنا في أوقات عشوائية ليؤكد كل منا للآخر قدر حبه له؟

هل نحرص على وجود وقت ومجال خاص بنا للتمتع بالحميمية والجنس.

عندما يغضب أحدنا من الآخر، هل نأخذ نفساً عميقاً ونذكر أنفسنا بأننا نحب بعضنا البعض، وهذا هو الشيء الأهم؟

هل نعتني بأنفسنا كي نكون بمزاج جيد لتقبل الحب الذي يقدمه الآخر؟

وسيلة للتعامل مع الحب: الأمل

دخلت شريكتك في علاقة ملتزمة معك على أمل أنك ستبقى موجوداً لأجلها إلى الأبد. هل لا تزال شريكتك تشعر بأنك ستكون موجوداً بجوارها إلى الأبد؟ هل ترسل لها رسائل مفادها أنك ستبقى بجوارها، أم ترسل لها رسالة بأنك ترغب بالخروج من المركب المشتعل قبل أن يغرق؟

حان الوقت للعودة إلى أساس العلاقة بجعل شريكتك تكون أهم أولوياتك. يمكن لوسيلة الأمل أن تساعدك. إن وضعك لشريكتك في أعلى سلم أولوياتك هو مفتاح إعادة الحب إلى العلاقة. يمكنك إعادة العلاقة إلى مسارها السليم ببساطة من خلال منح شريكتك الشعور بأنها محبوبة مجدداً.

الأمر بهذه البساطة، لكنه يتطلب التضحية والتخلي عن كل ما قد يقف عائقاً في طريق علاقة سليمة. يدور الأمر حول التفاهم والتخلي عن الماضي وتذكّر أن هذه العلاقة لا تتعلق بك وحدك

اجلس مع شريكتك وتباحثا بشأن كل الأشياء التي تدفعها للجنون. أخبرها أنك تريدها أن تحبك وتحترمك وتثق بك مجدداً، وأنك على استعداد لإصلاح الأمور.

الإجراء المطلوب

اطرح السؤال ما الذي يدفع شريكتك للجنون؟ استخدم قاعدة الأيام الثلاثة قبل أن تطرح السؤال.

افهم أن شريكتك لا تختلق الأمر بل هي ترى الأمور فعلاً بهذه الطريقة. في اليوم الرابع تناقشا بالأمر.

حان الوقت لتطبيق قاعدة الأيام الثلاث. يتم ذلك بالطريقة التالية. اعرض لائحة بكل المشاكل. يفترض أن تحصل على قائمة لا تقل عن صفحة أو صفحتين من المشاكل الحقيقية. حاول البحث عن طرق خلاقة لإحداث تغيير. سيحتاج منكما الأمر ثلاثة أيام لمعالجة المشاكل الحقيقية دون إطلاق أحكام. قد تكون ردة فعلك الأولى رفضاً قاطعاً لما تذكره القائمة. ستتخذ موقفاً دفاعياً، فهذه طبيعة البشر. بعد أن تهدأ، راجع القائمة. وستلاحظ أن بعض بنودها تبدو منطقية. أما المشاكل الأكثر تعقيداً، عليك مناقشتها مع شريكتك وتحاول الوصول إلى تسوية. وهكذا تُظهر شريكتك أنها أهم أولوياتك.

عليك الحفاظ على التزامك بالعلاقة. وهذا يعني أن تبقى إيجابياً خلال تقلبات العلاقة. أزل تلك الأفكار السلبية وتذكّر أن أفعالك أبلغ من أقوالك. أنت الصخرة وشريكتك تعتمد عليك وهكذا تحول الأمل إلى واقع. إذاً، حان الوقت لجعل شريكتك أولوية، وهذا أمرٌ بسيط. يحتاج فقط للالتزام.

التوتر

اجعل وظيفتك في الحياة هي تخفيف الضغط عن شريكك

التوتر

بالطبع، يمكنها فعل ذلك بنفسها
لكن شريكاً حقيقياً لن يدعها تقوم بذلك بمفردها

يوجد الكثير من التوتر في حياة الناس اليومية. إذاً، كيف ستلعب دوراً أساسياً في تخفيض التوتر في حياة شريكتك وتساعدها على التعامل معه؟ قد تغير المناسبات المسببة للتوتر والإجهاد نظرة شريكتك للأمان والعلاقات والعمل والحياة تجاه مشاعرها. وقد تغير نفسها والعالم والمستقبل. إذا كنت فاقداً للاتصال مع شريكتك، لن تدرك ذلك أبداً.

إذا كنت تعتمد على شريكتك لتولي كافة النشاطات المنزلية، عليك أن تدرك أنك بفعلك ذلك تزيد أسباب التوتر في حياتها. والأسوأ من ذلك أن شريكتك قد تصل إلى مرحلة في حياتها لم يعد بإمكانها الاعتماد عليك لتنفيذ أبسط الأشياء لدرجة أنها توقفت عن طلب أي شيء منك. إذ تجد أن من الأسهل لها أن تقوم بالأمر بنفسها.

قد تجد نفسك في كثير من الأحيان مضغوطاً ومشغولاً لدرجة لا تسمح لك بتحمل أي أعباء إضافية تتعلق بالعمل أو العائلة أو الصحة أو الأمور المالية. وخصوصاً إذا كانت شريكتك تحمل معظم هذه الأعباء عادةً. قد يتسبب التوتر أيضاً بالتباعد العاطفي الذي يؤدي إلى فقدان الحميمية وموت الرومنسية.

عندما تكون العلاقة قوية وجيدة لدى الطرفين التعامل مع الإجهاد، فإنّ القدرة على التعافي من أي خسارة أو صدمة أو مأساة قد تلحق بهما تسمّى المرونة النفسية أو القدرة على التكيف. لكن عندما تكون العلاقة ضعيفة فإن هذه الأمور قد تمثّل مشكلة.

إن كانت شريكتك تشعر بالتوتر والإرهاق، فلا بد أنك لم تقم بعملك كما ينبغي. إن كان هذا قد حدث وتريد أن تعيد الأمور إلى نصابها، عندها لا بأس أن تقول "أنت على حق، أنا مخطئ"

أسئلة لك ولشريكتك

هل يزيد واحدنا من إجهاد وتوتر الآخر أم يخفضه؟

هل يزيد واحدنا إجهاد الاخر عندما يتعلق الأمر بالنشاطات المنزلية؟

ما الذي نفعله لإراحة بعضنا البعض؟

هل لدى أحدنا نزعة للسيطرة تزيد من إجهاد الآخر؟

هل يعاني أحدنا أو كلانا من مشاكل مرتبطة بالطفولة أو يعاني من متلازمة إجهاد ما بعد الصدمة؟

هل يزيد أفراد عائلتنا من إجهادنا؟ وإذا حدث ذلك فهل يساهم واحدنا في تخفيف إجهاد الآخر؟

هل نحن متوترون بسبب وضع علاقتنا؟

هل يشعر أي منا بالتوتر بسبب شعوره بأن الآخر لم يعد ملتزماً بالعلاقة كما كان من قبل؟ هل استسلم أحدنا أو كلانا؟

هل لدى أحدنا أو كلينا مشاكل صحية تضيف المزيد من التوتر إلى العلاقة؟

هل نشعر بالإجهاد والتوتر دائماً لأننا نتقاتل في كل مرة نتحدث فيها؟

وسيلة للتعامل مع الإجهاد: إنها وظيفتك

ما هو السر مساعدة شريكك يحمل الكثير من الأعباء؟ اجعلها وظيفتك أن
تخفف أعباءه بحيث لا يشعر بالإجهاد، وافعل كل ما يتطلبه الأمر للحرص
على ذلك. إذا اعتمدت في حياتك قاعدةً مفادها أنها وظيفتك أن تحرص على ألا
تشعر شريكتك أبداً بالإجهاد ستجعل حياتك وحياتها أسهل.

سيغير اعتمادك لهذه القاعدة حياتك وحياة شريكتك من ناحية تخفيف
التوتر والإجهاد. عليك طرق معالجة الأفكار التي طرحتُها عليك وأسبابها.
ثمّ ابحث مع يساعد على إبعاد شريكتك عن التوتر والإجهاد. أعرف أنه أمر
صعب، لكنه يعود عليك بمنافع لا تعد ولا تحصى. حان الوقت للبدء
باستخدام وسيلة (إنها وظيفتك).

عندما ترى علامات الإجهاد على شريكتك، حاول اكتشاف أسبابها بطريقة
لطيفة وعطوفة. اسأل شريكتك "هل تمر بيوم سيء؟ أيمكنني
المساعدة؟" أو "كيف يمكنني جعل الأمور أفضل بالنسبة لك؟" عندما تعرف
شريكتك جيداً، ستعرف بدقة أي مساعدة تحتاج وستساعدها. عندما يتعلق
الأمر بوظيفتك، عليك القيام بها مهما تطلب الأمر دون أي تذمر.

الإجراء المطلوب

التسوية

حان الوقت لتخصص أسبوعاً لشريكتك. كفّ عن مشاهدة المباريات لأسبوع
واحد فقط وخصصه بالكامل لها وللعلاقة.

فلنقل إنكما تعانيان مشاكل مالية، وأنت المسؤول عن الأمور المالية. اجلس
مع شريكتك وقوما بحل المشكلة. ضع استراتيجية لتخفيض ديونكما. قد
يحتاج الأمر اتخاذ بعض القرارات الصعبة كبيع بعض الأشياء المحورية
في حياتك لتخفيض العجز، أو تخفيض النفقات الجارية كتناول الطعام
في الخارج أو شراء القهوة يومياً. تذكّر أن الهدف الأساسي هو تخفيف التوتر
والإجهاد.

إن الحميمية أمر أساسي في أي علاقة، ويتسبب غيابها بإضافة المزيد
من التوتر إلى العلاقة. هل أصبحت مشوشاً لدرجة أنك لم تعد تذكر آخر مرة
حظيت فيها بالمرح مع شريكتك؟ إن كان الأمر كذلك، فعليك أن تجعلها
مهمتك أن تحظيا بالمرح معاً. من خلال الذهاب إلى السينما، والرحلات والنزهات
وإمساك اليدين والعناق والضحك سوياً.

خصص وقتاً لشريكتك. فعلاقتك بها تفوق أي شيء آخر أهميةً. احتفي
بعلاقتكما وتواصلوا بوضوح واحترام، لأن العديد من المشاكل تنجم عن سوء
تفاهم.

سيتسبب باتخاذك للقرارات الهامة منفردًا بالمزيد من التوتر لشريككك. على الرغم من أن شريككك قد يرحب في البداية بأن تحمل عنه عبء اتخاذ القرارات، إلا أنه قد يبدأ في الشعور بالعجز وفقدان السيطرة وقلة الأهمية بمرور الوقت.

على الممكن أنك وشريككك قد توافقتما على أن تحرص على أن يكون لك شريك في اتخاذ القرارات الهامة. على الرغم من أنك تفضل أن تتخذ القرارات بنفسك، احرص على أن تجعل عليك أن تحسن الإصغاء لشريكك عندما تكون بحاجة إلى المساعدة، وأن تحرص دائمًا على إظهار اهتمامك بآرائه. أبق شريككك دائمًا على علم بحب الصواب وتوافق آرائكما دائمًا.

كلما زاد اعتمادك على شريككك في اتخاذ القرارات، زادت ثقته بنفسه وشعوره بأهميته في العلاقة. ومع ذلك، لا تفرط في الاعتماد عليه لدرجة تفقده استقلاليته وقدرته على اتخاذ قراراته الخاصة.

الانفعالات

تحكم بنفسك ولا تفقد أعصابك

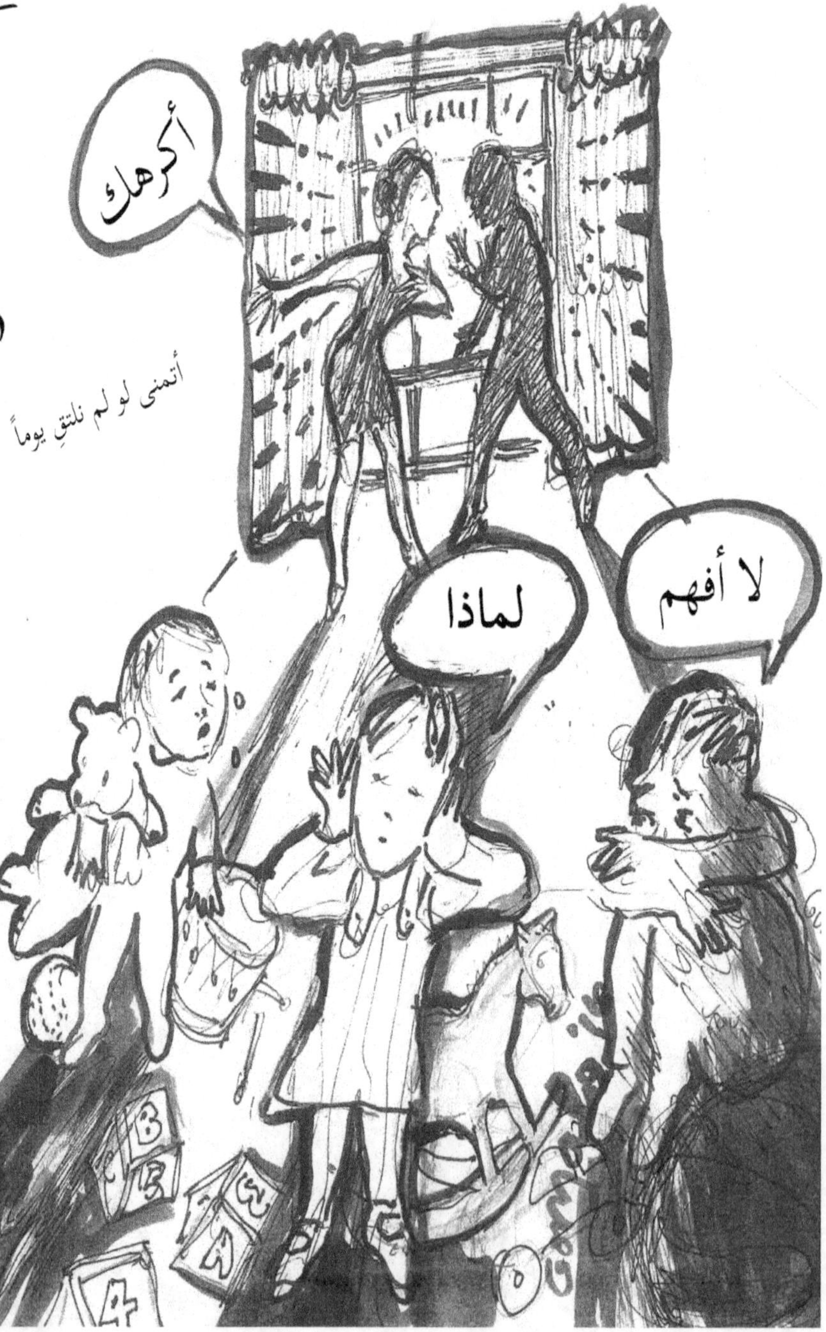

الطبع

إذا استفززت شريكتك لمرات عديدة
فربما تفقد صوابها أو يصبح المبالية

يمكن للطبع السيء أن يكون ذا أثر سامّ على أي علاقة. وقد يتسبب بشتى أنواع المشاكل للشريكين. إن كان طبعك سيئاً وتميل للانفجار غضباً في كثير من الأحيان، أو تصرخ أو ترمي الأشياء أو تطلق التهديدات أو تصفق شريكتك بأصواف ممدة، فهذا أسوأ شيء يمكنك أن تفعله. إذا كانت طباعك حادة وتفقد السيطرة على أعصابك بسرعة، قد يصبح هذا نمط حياتك.

إن امتلاكك لطبع حاد شيء يدعو أمراً غير صحي لأي شخص يتواجد في حياتك. إذ يمكن أن يتحول هذا الطبع إلى عادة سيئة، وإن لم تمتلك مهارات السيطرة على الغضب، فقد يجعل ذلك شريكتك أو أفراد عائلتك يخشون قول أي شيء قد يتسبب بفقدك لصوابك. إن كان هذا لوصف ينطبق عليك، أؤكد لك أن أفراد عائلتك يخشون ذلك لعلهم يجعلهم وقد يجعلهم يتعاملون معك بحرص مفرط. قد لا يتوافقهم عليه معك. رأيك أو مشاركة أي شيء قد لا

غالباً ما يُشار للطبع على أنه شيء سلبي. رغم أنه يمثل لمزاجاً معيناً أو حالة ذهنية محددة (ليس من الضروري أن تكون سلبية)، عندما يقول لك أحدهم "لديك طبع" فهم يقصدون عادةً أنك لا تستطيع السيطرة على مشاعرك. فإما أن تغضب وتقاتلهم، حتى بخصوص أتفه الأشياء، أو لا تكون صبوراً كفاية مع المحيطين بك.

في الحقيقة لا أحد يحتاج لرمي الأشياء أو فقدان السيطرة ليُسمع صوته. إن فقدانك لأعصابك هو مجرد سوء استجابة. إذا حدث وفقدت أعصابك فلا بأس حينها بأن تعترف بخطئك لوقت "أنت على حق، أنا مخطئ"

أسئلة لك ولشريكتك

هل لدى أي منا مشاكل تتعلق بالسيطرة؟ هل من المعروف عن أحدنا أنه لا يعرف متى يتوقف؟

هل نقول لبعضنا كلمات جارحة خلال الجدال؟

هل يستفز واحدنا الآخر خلال الجدال حتى يفقد صوابه؟

هل نعتذر من بعضنا؟

هل يعاني أحدنا مشاكل في التعبير عن مشاعره باستثناء الغضب؟

هل نعتقد أننا نتجادل باحترام وبشكل بنّاء، أم نحن لجوجان مع بعضنا؟

هل يشرح واحدنا للآخر أشياء يعرفها سلفاً فقط بهدف إزعاجه؟

هل نسمح لبعضنا بالتعبير عن وجهات نظرنا خلال الجدال؟ هل نصبر على بعضنا ونتفهم بعضنا ونتعاطف مع بعضنا حتى عندما نختلف في الرأي؟

هل نظن أن الكلام بصوت أعلى يجعل الآخر يفهمنا بشكل أسهل؟

وسيلة للتعامل مع الطبع: التحكم

من الطبيعي أن يمر أي شخص بيوم سيء أو يومين، لكن أن تكون عدائياً تجاه شريكتك، خصوصاً إذا كنت تفعل ذلك بانتظام، سيؤثر سلباً على علاقتك. عندما يتحول الغضب إلى مزاج حاد، ويتولى لاوعيك السيطرة بحيث لا يسمح لك بأن تنسى أو تغفر لشريكتك ويتسبب بتصاعد غضبك إلى درجة تفقد فيها صوابك.

عندما تفقد أعصابك في لحظات بسبب مواضيع غير هامة، ستكون حالتك قد تحولت إلى عادة سيئة أو برمجة سيئة، وصار من الضروري أن تنتبه لمزاجك.

الإجراء المطلوب

التواصل

تكلم مع شريكتك. أعني أن تجري معها حواراً حقيقياً - تناقشا بشأن كافة المسائل العالقة وتوصلا إلى حل يرضي الطرفين

إليك مثالاً بسيطاً عن فقدان أعصابك بسبب أمر تافه، حيث يسيطر اللاوعي خاصتك عليك ويعكر مزاجك دون جدوى. فلنفرض أن أحدهم تجاوزك بطريقة خطرة أثناء الازدحام المروري، ما الذي سينتج عن ذلك؟ سيمضي هو باقي يومه سعيداً ولامبالياً، أما أنت فسيسيطر عليك شعور بالاستياء والرغبة بالشجار طوال اليوم.

عليك في هذه الحالة ألا تسمح للطاقة السلبية المتكونة داخلك بالإساءة للآخرين الذين لا ذنب لهم. إليك بعض الطرق المجربة والمضمونة للسيطرة على الوضع. أولاً قم بالعد إلى 10. خذ نفساً عميقاً وفكر بشيء آخر يلهيك عن هذه المشاعر السلبية. قد تشعر في داخلك برغبة في القتال. عليك السيطرة على هذه المشاعر وكبحها.

إذا ظللت تشعر بالتوتر والغضب ولم تتمكن من السيطرة على هذه المشاعر السلبية. حاول إخراج نفسك من الحالة من خلال ممارسة الرياضة أو المشي أو التأمل. افعل ما تجده مناسباً في حينها للتخلص من هذه الطاقة السلبية. ثم بعد أن تهدأ، تحدث بالأمر مع شريكتك. أخبرها بما يزعجك بهدوء وعقلانية دون أن تفقد السيطرة على أعصابك.

عندما تفعل ذلك ستتمكن من الحديث بشكل منطقي مع شريكتك بخصوص الأشياء الأخرى التي تتعلق بحياتكما معاً. لن تتمكن من أن تتواصل بشكل عقلاني مع شريكتك ما لم تسيطر على مشاعرك السلبية الداخلية. وحين تتمكن من ذلك ستقدر على معالجة المسائل المعقدة بالتعاون مع شريكتك والتوصل إلى قرارات لا تندم عليها لاحقاً.

إذا كان الحديث محتدماً وكنت تحت تأثير شيء ما ندمت عليه، عليك أن تعلم أن من شبه المستحيل اتخاذ قرارات عقلانية في هذه الحالة بما في ذلك السيطرة على مشاعرك السلبية الداخلية. وسيكون هذا غير عادل بحق شريكتك، وقد يكون الضرر الذي يتسبب به موقف كهذا دائماً ولا يمكن إصلاحه. سيتوجب عليك تأجيل النقاش إلى وقت لاحق. لكن عليك تسجيل أو كتابة أفكارك في ذلك الوقت لتعود لمراجعتها عندما تكون صاحياً. وسيكون ذلك بمثابة متنفّس لك أثناء النقاش.

لا تتوقع أن تتفقا حول كل اختلاف بينكما فذلك غير عملي. قد تفوز بالجدال لكنك ستُضعف العلاقة. امنح نفسك الوقت لتهدأ وتتخلص من طاقتك السلبية لتحظى بنقاش عقلاني مع شريكتك.

لا تحاول تغيير شريكتك. لن تتمكن من ذلك. لكن يمكنك التأثير على شريكتك وإقناعها بالفوائد التي ستجنيها إذا غيرت موقفها. يمكنك التأثير على شريكتك من خلال خلق بيئة إيجابية يسودها التعاون بينكما بدل أن تكون خاضعة لسيطرتك كلياً.

تحتاج في بعض الأحيان لمعرفة ما يزعجك. قد يكون الأمر لا علاقة له بالموضوع الذي تتجادلان بشأنه. إذا وجدت نفسك فقدت أعصابك بسبب مسائل بسيطة طيلة الوقت، فعليك التخلص من طاقتك السلبية التي تسببت بالفعل بالكثير من الضرر ثم عليك أن تسترخي وتدع الأمور تسير بسلام.

أحب تناول الطعام
الوزن
إنه مجرد رقم
من الصعب اتباع
نظام غذائي صحي
القلق
شخصاانتقائي جداً
في الطعام

الوزن

لا تستطيع شريكتك تغييرك
لكن يمكنك أن تتغير لأنك تحب شريكتك

من الصعب على بعض الناس أن يحافظوا على لياقتهم أو أن يكونوا معجبين بجسدهم. وقد تكون بدينًا أو نحيلًا جدًا. قد لا تكون راضيًا عن وجهك أو جزء آخر من جسدك. يمر جسم الإنسان بتغييرات كثيرة وأينما التفتّ ستجد أشخاصًا أصغر سنًا وجميلين ونحيلين يتناولون البوظة أو الكعك المحلّى بينما تعاني أنت من زيادة في الوزن بسبب تناولك للأرز. الحياة غير عادلة.

هل تعاني شريكتك من مشاكل متعلقة بالوزن تقوم بانتقادها بسببها أو ترمي بعبارات صغيرة لأنك ترغب بأن تبدو شريكتك بمظهر أفضل، ولست راضيًا عن مظهرها سواء أكنت تشتكي من بدانتها أو نحولها؟ ليست هذه الطريقة الصحيحة للحصول على شريك بصحة جيدة.

إن كانت شريكتك واعية لأمر بدانتها، فلن تسمح لك برؤيتها وهي تبدل ملابسها عندما تكون الأضواء مضاءة. تؤثر صورة الجسد على الحالة النفسية للفرد. وعندما تنخفض ثقة شريكتك بنفسها فلن تستطيع تقبل إطراءاتك كما لن تشعر بالراحة عند التواجد بالقرب منك.

إن مسألة الوزن تعد شأنًا شخصيًا ويتعامل معها كل شخص بطريقة مختلفة عن الآخر. هناك العديد من الناس الغير راضين عن مظهرهم إلى حد يصبح فيه الأمر هوسًا ومسيئًا لصحتهم.

يمكن أن تتجاوز النقاشات المتعلقة بالوزن الحدود. إذا حدث ذلك فلا بأس أن تعتذر وتقول "أنت على حق، أنا مخطئ؟

أسئلة لك ولشريكك

هل يتقبل كل منا جسم الآخر كما هو؟

هل يعتبر كل منا وزن الآخر مشكلة يجب حلها؟

هل نلاحظ ونعلق عندما يرى أحدنا الآخر يكسب أو يخسر الوزن؟ هل يعرف كل منا إن كان الآخر يحب سماع هذه التعليقات؟

هل نختار طعاما صحيا لكلينا؟

هل يحضر أي منا الوجبات السريعة إلى المنزل في الوقت الذي يحاول فيه الآخر أن يخفض وزنه؟

هل يعلم كلانا كيف يشجع ويدعم الآخر فيما يتعلق بصورة جسده؟

هل نساعد بعضنا على الشعور بشعور جيد حيال أنفسنا؟

هل يتحكم كل منا بما يأكله الآخر؟

هل يطالب أي منا الآخر بالحصول على المساعدة فيما يتعلق بجسده أو وزنه؟

هل يلمّح أحدنا للآخر بأنّ عليه ممارسة الرياضة أكثر؟

هل نتناقش مع بعضنا دون إطلاق أحكام حول الصعوبات التي يعانيها الآخر مع كسب أو خسارة الوزن؟

وسيلة للتعامل مع الوزن: إنه مجرد رقم

في الحقيقة يشكل الوزن مشكلة بالنسبة للكثيرين. لكن السؤال الرئيسي هنا: هل تقود شريكتك للجنون بسبب هذا؟ إن كان هذا يحدث فعلاً فعليك استخدام مقولة: إنه مجرد رقم. يمكن لهذا الرقم أن يزيد أو ينقص. إن كان وزنك يزعجك، تناول طعاماً صحياً ومارس الرياضة. أما إذا كان وزن شريكتك يزعجك، فعليك تركها تتعامل معه بالطريقة التي تناسبها

يمكنك أن تدعمها فقط إذا طلبت منك ذلك - واسألها أي نوع من الدعم يساعدها دون أن يجرح مشاعرها. فيما عدا ذلك، لا يحق لك قول شيء بهذا الخصوص أو الإدلاء بأي تعليق، لأن هذا اعتداء على خصوصية الشريك ويعد تجاوزاً للحدود. ولا يمكن أن يكون له أي أثر إيجابي.

إذا كان وزن شريكتك يضايقك، فأسوأ ما يمكنك فعله هو الضغط عليها لتخفيفه أو زيادته، فهذا سيزيد من توتر شريكتك وغالباً ما يأتي بنتائج عكسية. وقد تثور شريكتك عليك أو تنغلق على نفسها. عندما تكون شريكتك مستعدة لاتباع نمط حياة صحي، فهي الوحيدة القادرة على تحقيق ذلك. وعليك فقط دعمها بطريقة إيجابية وإخبارها أن الوزن هو مجرد رقم. بحيث تقوم شريكتك بذلك وفق شروطها وفي المدة المناسبة لها، مع إحاطتها بالدعم.

الإجراء المطلوب

اختر الخيارات الصحيحة

إن كانت شريكتك تحتاج لدعمك، ساندها في كل خطوة. قم بالتمارين الرياضية معها. تناول طعاماً صحياً معها. اصنعا التغييرات سوياً، فهكذا تكون الشراكة.

إن قوة الإرادة هي العنصر الأساسي لاتباع نمط حياة صحي. عندما تكون مسيطراً على الأمور، ستمكّنك قوة الإرادة من اتخاذ القرارات الصحيحة. وفي حال غيابها عنك ستعاني كثيراً. مثلاً: إن حددت لنفسك هدفاً بأن تتناول الطعام الصحي لكنك انشغلت بسبب ضغوطات العمل أو المشاكل العائلية. ستكون قوة إرادتك في أدنى مستوياتها، وستجد نفسك فجأةً تتناول الكثير من المثلجات، والويل لأي أحد يحاول إيقافك. عليك إدراك أن قوة الإرادة قد تشهد صعوداً وهبوطاً، ويستحيل الحصول على أعلى مستوى منها في كل لحظة من كل يوم.

إذا أرادت شريكتك اتباع نظام صحي وطلبت منك المساعدة فلا تتردد بذلك. حتى لو تطلّب الأمر منك تناول طعام لا يعجبك مطلقاً. إن كانت شريكتك ترغب بالذهاب للمشي بينما تفضل أنت الركض، امشِ معها وحسب. إذا ساندتها في كل خطوة في الطريق، ستُسهّل عليها الاستمرار بالمحاولة.

إذا كانت شريكتك تبذل مجهوداً حقيقياً لتناول الطعام الصحي والقيام بالتمارين الرياضية دون أن تحصل على نتيجة، فقد تساعدها التعليقات الإيجابية من قبيل "تبدين رائعة" أو "أنا فخور بك" بشكل ملحوظ. وأي تعليق سلبي قد يتسبب بتوقفها عن المحاولة.

عندما تكون شريكتك تبذل جهداً لإنقاص وزنها، لا تحضر الطعام الجاهز إلى المنزل. إذا كنت تعرف أن شريكتك مدمنة على الكعك المحلى، لا تحضر الكثير من الكعك المحلى إلى المنزل عند الفطور، لأن هذه فرصة لئيمة. إن كانت شريكتك تبذل مجهوداً وتحاول إعداد وصفات صحية قد لا تكون ناجحة في إعدادها، عليك تقدير مجهودها. وإذا احتاجت شريكتك منك أن تساعدها بغسل الأطباق أو تولي شؤون الأولاد لتتسنى لها ممارسة الرياضة، فقم بمساعدتها في كل ما تطلبه.

إن اتباع نظام حياة صحي هو مشروع طويل الأمد ولا ينتهي أبداً. ويمر هذا المشروع بأيام جيدة وأخرى سيئة. ستمر أيام تشهد فيها نمواً شديداً تجاه الطعام وأخرى تقتصر فيها على العصائر. ولا بأس بذلك، ففي النهاية إنه مجرد رقم قد يزداد أو ينقص. وقبل أن تفكر بانتقاد شريكتك انظر إلى نفسك جيداً في المرآة وتأمل مظهرك. فمن كان بيته من زجاج، لا يرمي الآخرين بالحجارة.

في الواقع، عندما تكون شريكتك راضية عن مظهرها ستكون راضية عن ذاتها أيضاً. وسيعود هذا بالنفع على الطرفين. إذا تمكنتَ من تسليط الضوء على جمالها الداخلي وجعلتها تشعر أنها جميلة طيلة الوقت، ستكون قد أتقنت استخدام وسيلة (إنه مجرد رقم). أحبب شريكتك لما هي عليه، بغض النظر عما يشير إليه الميزان. ستعرف أنك نجحت حين تقوم شريكتك بخلع ملابسها أمامك والأضواء مضاءة. هذا هو الهدف.

كل هذه
الأشياء
تؤثر على
الثقة
الحدود
نمط الحياة
التشكيك
الأكاذيب البيضاء
GONZALO

الفصل 10: الوسائل اليومية لتعزيز الثقة في العلاقة

احترام الحدود
فكر قبل أن تتصرف

قبل أن تغازل
الفتاة
التي تحدق
بك دوما
فكر فحسب
بالطريق الذي أنت
على وشك أن تسلكه

الحدود

إنها ليست مسألة نقص في الحب بل نقص في الثقة
يتسبب هذا بعلاقة غير سعيدة

متى اكتفيت من التعاسة وبدأت بإعطاء الأولوية للحب والصدق مع شريكك، لكي تكون بينكما ثقة تامة؟ متى اكتفيت من الكذب وقررت أن تصبح صادقاً، حتى ولو لم يعجبك الرد؟ متى اكتفيت من التوتر وبدأت بالإيفاء بوعودك دون التماس الأعذار؟ متى اكتفيت من اللوم وأصبحت صادقاً مع نفسك وتوقفت عن لوم شريكك على علاقتكما البائسة؟ متى اكتفيت من كل ما سبق وقررت تحمل مسؤولية علاقتك والعمل على جعلها أفضل.

إن وضع حدود هو أمر جوهري للحصول على علاقة سليمة. فالحدود تحدد ما هو مريح بالنسبة لك وكيف تود أن يعاملك شريكك. قد رأينا كيف يمكن للحدود أن تلعب دوراً جوهرياً في كل نواحي العلاقة تقريباً. احترم حدود شريكك، وساعدها على أن تحترم حدودك، وستحصل بالنتيجة على حياة سعيدة. إذا تزاوجت الحدود ستجد أن حياتك أصبحت أصعب مما يجب أن تكون عليه. إن رسم الحدود والحفاظ عليها يحتاج إلى مهارة. للأسف، لا يستطيع الكثيرون التمكن من هذه المهارة.

إن عدم التزامك بالحدود يؤثر على ثقة شريكك بك. ويتجسد عدم الالتزام بالحدود بعدة طرق، كعدم احترامك لما يخص شريكك من مساحة شخصية أو عائلة أو أصدقاء أو خصوصية أو أموال أو معتقدات أو حالة صحية.. إلخ. لم يتناقش الكثير من الشركاء قط بعدم التزام بعضهما بالحدود المتعلقة بالآخر. لكن في الحقيقة إن كنت لا تعلم شعور شريكك حيال الحدود والواجب الالتزام بها، فأنت لا تعرف شريكك حقاً.

إذا كنت تحاول تغيير طباع شريكك أو تستعين بأشخاص من خارج العلاقة لتحل مشاكلك، فستكون قد تجاوزت حد الحدود. إذا لجأت إلى التهديد أو الترهيب، ستكون قد تجاوزت حد الحدود. إذا استغللت شريكك أو آذيتها، ستكون قد تجاوزت حد الحدود.

وعندما تنقل أغراض شريكك لأنه لا يعجبك المكان الذي تضعها فيه، أو تفتش في هاتف شريكك أو بريدها الالكتروني دون طلب إذنها، ستكون قد تجاوزت حد الحدود. إذا التقطت صورة لشريكك حين لا تريد ذلك، أو قمت بنشر تعليقات أو صور لها على وسائل التواصل الاجتماعي دون أن تطلب إذنها، ستكون قد تجاوزت حد الحدود. عندما تأكل من طبق شريكك دون أن تأخذ إذنها أو تجلس في مكانها المعتاد على الأريكة، ستكون قد تجاوزت حد الحدود.

إن تجاوز الحدود يدل على عدم الاحترام. إن كان هذا ما يحدث معك فلا بأس أن
تعترف بخطئك وتقول "أنت على حق، أنا مخطئ"

أسئلة لك ولشريكتك

هل يغير واحدنا موضع أغراض الآخر في المنزل لأنه يظن أنه أدرى بالموقع المناسب لها؟

هل نشعر بأننا نُعامل بقلة احترام من قبل الآخر بسبب طريقة تسيير الأمور في المنزل - إما أن تسير بطريقتي أو بطريقتك لكنها لن تسير أبداً بطريقة مشتركة بيننا؟

هل يشعر أحدنا أو كلانا بأن عليه السيطرة على طريقة تربية الأولاد؟

هل يقاطع أحدنا أو كلانا الآخر لتصحيح طريقة روي قصة ما أو طريقة التعبير عن فكرة ما؟

هل يشعر أيّنا بأن أصدقاء الآخر غير مناسبين له - ويعبّر عن ذلك؟

هل يعتبر أيّنا أن الآخر يبالغ في المغازلة؟

هل يعتقد أيّنا أن الآخر يشارك الكثير من المعلومات الخاصة مع الأصدقاء على مواقع التواصل الاجتماعي؟

فكر قبل أن تتصرف: وسيلة للتعامل مع الحدود

إن تحديد الحدود هو أمر أساسي للحصول على علاقة سليمة. يبقى السؤال هو: هل تظن أن لديك علاقة سليمة؟ هل تشعر شريكتك بالارتياح لمشاركة أي شيء معك لأنها تعلم أن حدودها سيتم احترامها، أم تجد شريكتك تخفي الأشياء عنك لأن لديك تاريخاً من مشاركة الأمور الخاصة والتعدي على حدود شريكتك؟ إن كان الأمر كذلك، استخدم وسيلة (فكر قبل أن تتصرف).

بغض النظر عن المدة التي قضيتماها معاً في العلاقة، حاول أن تحافظ على العقلية التي كنت تتعامل بها في بداية العلاقة. كما في بداية العلاقة، اعتبر أنك لا تمتلك أدنى فكرة عن حدود شريكتك وما يحفزها، وهي لا تعرف شيئاً عن حدودك وما يحفزك. وهذا يعني أن عليكما أن تتواصلا. لا يمكنك افتراض أنك تعرف بالفعل. يُظهر هذا التمرين الحب والأمل وأنك تهتم بعلاقتك.

ابدأ بكتابة ملاحظات تتعلق بحدودك المالية أو الثقافية أو البنيوية أو العاطفية أو الجنسية. ما الذي قد تفعله شريكتك ويُشعرك بانتهاك حدودك؟ اطلب من شريكتك أن تعد لائحة مشابهة، ثم أريا بعضكما لائحتيكما. هل كنت واعياً بهذه الحدود؟ هل كنت تعرف ما تعتبره شريكتك تجاوزاً لحدودها؟ الهدف هنا هو معرفة ما يمكنكما الاتفاق عليه وما يعد غير مقبول - ويعد ذلك خطوة إضافية في طريق التفاهم بينكما.

الإجراء المطلوب

اختر الخيارات الصحيحة

فكر قبل أن تتصرف. نعم، من الخاطئ أن تنظر لشخص آخر نظرة ملؤها الحماس. فذلك يجرح مشاعر شريكتك.

استرجع الآن المرات التي تجاوزت فيها الحدود والأثر الذي تركه ذلك على شريكتك. هل اعتذرت؟ هل كنت محترماً؟ إن كنت قد تسببت بضرر، فهل تمكنتما من الوصول إلى تسوية أو حل؟

الجزء الثاني من وسيلة (فكر قبل ان تتصرف) هو أن تُعلم شريكتك أنك مستعد لتكون شريكاً أفضل، وستتحسن في مجال احترام حدودها. إحدى الطرق لفعل ذلك هي أن تستخدم كلمة "نحن" بدلاً من "أنا" و"أنت" عندما تتحدث عن المشاعر أو الأفكار. ولا تستخدم أبداً عبارات من قبيل "دائماً ما تفعلين ذلك" أو "لا تفعلين ذلك أبداً". وإياك أن تعطي إنذارات نهائية، فأنت لا تتفاوض مع عدوك بل تسعى للتفاهم مع شريكتك.

يتلا روملأا لايح دودحلا اددح .امكتقالع يف لخدتلا امكتالئاع لواحتس
اهاري يتلا دودحلا ددحي نأ امكنمٍّ لك ىلع بجي .اهيف لخدتلاب امهل حمسي
اذإ .ءيس رعشب روعشلا نم هكيرش يلاتلاب يمحيو ،هتلئاع دارفأل ةبسانم
كنت تشعر بالذنب تجاه تجاوز عائلتك للحدود، أعد ضبط هذه الحدود.

تنطبق نفس القواعد على الأصدقاء. اتفقا على الحدود التي لا يُسمح
للأصدقاء بتخطيها وليحترم كل منكما حق الآخر بأن يكون لديه أصدقاء.
إذا كنت قد تسببت بقطع علاقة شريكتك بأصدقائه، أعد النظر في الأمر
وحدد الأسباب التي دفعتك لذلك ثم أعد ضبط الحدود بما يتعلق بمسألة
الأصدقاء.

فيما يتعلق بالأهداف والأحلام، لا يجوز لأي شريك أن يمنع الآخر عن الملاحقة
حلمه إلا إذا كان الأمر يسيء للشريك، كأن يكلفه الأمر مالاً لا يمتلكه.
إذا حدث ذلك، عليكما الاتفاق على وضع حدود لما يُسمح للشريك بإنفاقه. إن
كان حلم شريكتك لا يؤثر عليك، دعه يلاحقه. إذا منعته عن ذلك، فقط لأنك
أنها فكرة سخيفة، ستكون قد تجاوزت أحد الحدود، وعليك إعادة ضبطها.

إن كنت لم تتفق قط مع شريكتك على أي حدود فيما يتعلق بالجنس،
ربما حان الوقت لإعادة النظر بهذا الأمر والوصول إلى تفاهم بشأنه. عليك أن
تكون منفتحاً وتسمح لشريكتك بالتعبير عن نفسها كما تحب مع مراعاة
السلامة والأمان ضمن الحدود المتفق عليها بينكما. ستكون هذه المحادثة
مفيدة وتضمن للطرفين شعوراً بالسعادة والرضا.

ذكرت هذا سابقاً، لكن أرغب بالتطرق إليه مجدداً: القاعدة الأساسية لوضع
الحدود فيما يتعلق بمغازلة الآخرين هي: إن كان يمكنك القيام به أمام
شريكتك فلا بأس به. إذا وجدت نفسك تنتظر تأثير خروج شريكتك من
الغرفة قبل أن تقوم بالمغازلة، فالأمر خاطئ. أياً يكن العذر التي تقنع
نفسك به، لا بد أنك تعلم أنك ستكون قد تجاوزت أحد الحدود في هذه الحالة

أحد أهم العناصر الأساسية للحصول على علاقة سعيدة وسليمة ومُرضية هو أن
تتقن احترام الحدود. كن متفوقاً في هذا المجال.

نمط الحياة

تعديل الموقف

أنتما شخصان
مختلفإن
الحل الوحيد هو ان
تكونا
منسجمين

نمط الحياة

الحياة منطقة تحتاج خوذة
ألنها دوماً في مرحلة البناء

تمر معظم العالقات بمراحل تبدو فيها عالقة في روتين ممل. قد يصل الأمر بالشريكين إلى مرحلة يشعران فيها أنهما رغم حبهما لبعضهما لكنهما لم يعودا مغرمين ببعضهما. قد يحدث الأمر بمرور الوقت حيث يتغير الناس ويعتادون بعضهم البعض. إن كانت شريكتك ال تبدي اهتماماً بوجهة نظرك، فأنتما تعانيان من مشكلة.

من الشائع أن يكون لشريكتك آمال ومعتقدات وأفكار مختلفة تتعلق بمكان السكن، وكيفية العمل أو إنفاق المال بشكل متوازن، ومقدار السفر وأ كميات الطعام الواجب تناولها، والرغبة بإنجاب الأطفال من عدمها وعدد الأطفال. الهدف هو أن تعيشا حياتكما سوياً. عندما ال تكونان متفاهمين، ودائماً يرجع الأمور وفق منظور أحد الشريكين، قد يشعر الآخر بأنه خفي أو حتى أنه تعرض للخيانة. سيُشعره هذا بأنه فقد هويته ورؤيته وأحلامه - ما يؤدي إلى تدمير العالقة.

إن الشراكة والتوافق والحب الحقيقي والتاريخ المشترك ومعرفة شريكتك من الداخل والخارج، هي الأشياء التي يقدّرها الناس في العالقة. عندما يتغير أو يغيب أحد هذه المكونات الأساسية عن العالقة، عندها تبدأ المشاكل، وليس من الضروري أن يترافق ذلك مع تغيير في نمط الحياة.

قد تكون أصبحت شخصاً يفضل الجلوس على الأريكة طوال اليوم، بينما ال زالت شريكتك ترغب بالترفيه والسفر. أنت ترغب بالاسترخاء وحسب، بينما تريد شريكتك بعض الحركة. ليس من الضروري أن تحب أو توافق على كل ما يريد شريكتك فعله، بشرط أن تتفاهما على هذه االختالفات وتأتيا بحلول مناسبة للطرفين. ال تدع هذه االختالفات تخلق سلوكاً سلبياً يعكس موقفاً من الشعور بالفوقية وعدم االحترام.

ال تدع االختالفات في أسلوب الحياة تخلق حالة من االزدراء. إن كنت قد فعلت ذلك بالفعل فال بأس بأن تعترف بخطئك وتقول “أنت على حق، أنا مخطئ”

أسئلة لك ولشريكك

هل تغيرت وجهة نظرنا بخصوص أسلوب الحياة الأفضل؟ هل لا زلنا متفاهمين حول ما يجعل حياتنا جيدة؟

هل نحب التواجد بجوار بعضنا؟

هل يتفادى أيٌّ منا إمضاء الوقت مع الآخر؟ هل نحن منفصلان بأي طريقة؟

هل يتمنى أحدنا أو كلانا لو أن الآخر يعود إلى ما كان عليه سابقاً؟

هل نفضل الحالة التي كنا عليها سابقاً على الحالة التي نحن فيها الآن؟

هل يتقد أيٌّ منا أن الآخر قد تخلى عن العلاقة، ولم يعد يبالي إن نجحنا أم فشلنا؟

هل يعتقد أيٌّ منا أن الآخر يمضي الكثير من الوقت بعيداً عنه، لأننا لا نستمتع بالأشياء نفسها؟

هل لا زلنا نحظى بالمرح معاً، أم لا نحظى بالمرح إلا عندما نتابع اهتماماتنا الخاصة؟

هل نعتقد أننا نتخذ القرارات الصحيحة لإسعاد بعضنا البعض؟

هل يتوقع واحدنا من الآخر تقبل خياراته فيما يتعلق بتغيير نمط الحياة؟

هل يريد كلٌّ منا أن يشارك الآخر في التغييرات المتعلقة بنمط الحياة الخاص به؟

هل نعرف أرضيتنا المشتركة، حتى لو رغب كلٌّ منا بعيش الحياة بطريقة مختلفة؟

هل نحب ونعشق بعضنا لما نحن عليه، حتى لو حدث تغيير في توقعاتنا من الآخر فيما يتعلق بنمط الحياة؟

وسيلة للتعامل مع نمط الحياة: التغيير

إن أقوى العلاقات هي العلاقات التي يستطيع فيها كلا الشريكين أن يكونا على طبيعتهما واحترام بعضهما لما هما عليه. لقد سمعت هذا من قبل: الأضداد تتجاذب. وهذا يعني شخصين من نوعين مختلفين، وينظران إلى الحياة بطريقتين مختلفتين. قد تكون انطوائياً وشريكتك انبساطياً. أنت شخص يحب الحفلات، وشريكتك دودة كتب. أنت تحب السفر، وشريكتك ال تحب السفر. إذا كيف يمكن لهذا أن ينجح في العلاقة؟ إذا كانت خطتك أن تتحكم بشريكتك أو تغيرها لتصبح شخصاً مغايراً لما هي عليه حقيقةً، فكر مجدداً.

هنا يأتي دور تعديل الموقف. ال تحاول أن تغير شريكتك. اقبلها على حقيقتها، وأبدِ اهتماماً بوجهة نظرها. ال تحاول إحراجها بتعليقاتك حول نمط حياتها. إذا كنت ال تحب ما ترتديه شريكتك أو ما يأكله، أعط نفسك بعض الوقت قبل قول شيء بهذا الشأن. ويُفضّل ألا تقول شيئاً أبداً. دع الأمر وشأنه. إنها حياتها. دعها تكون على طبيعتها، معك على الأقل، واسمح لها باتخاذ قراراتها الخاصة دون تعليقاتك السلبية.

يعد إظهار تقديرك الختالفات شريكتك عنصراً أساسياً في عملية تعديل الموقف. ابحث عن شيء في االختالفات تثني على شريكتك بخصوصه. قم بأشياء تُظهر لشريكتك أنك تتقبل نمط حياتها المختلف، حتى لو لم تُدرك اتباع هذا النمط. على سبيل المثال، إذا كانت شريكتك تحب تناول البطاطا المقلية بشكل متكرر، وأنت تعتقد أن هذا النوع من الأطعمة سيقتلك، اطلب لها البطاطا المقلية. لست مضطراً لتناولها! وال تعلّق بشيء ما لم يكن إيجابياً.

الإجراء المطلوب

التسوية

قم بإعادة النظر في طريقة معالجتك للمشاكل مع شريكتك. في المرة القادمة التي ينتهي بكما الأمر فيها بالجدال، توقفا وتوصلا إلى تسوية، ودعا الأمر يمر بسالم.

إن تعديلك لموقفك يضبط مشاعر شريكتك ويؤكد لها أنك ال تشعر بأنك أفضل منها، وال تريد التحكم بها، وال تحاول تغييرها، وأنك تحبها على حالها. إذا كان لديك مشكلة مع تصرفات شريكتك المزعجة ألنها تتكرر كثيراً، تواصل معها بهدوء وأبلغها بكافة المعلومات الالزمة لتحسين خياراتها - ثم دع الأمر وشأنه.

لدى شريكتي مقولة: "اختر خياراتك أولاً، ثم سأختار خياراتي". أختار خياري، ثم أعيد تقييمه على ضوء خيار شريكتي. في الحقيقة، إذا لم تشعر شريكتي بالارتياح لما أفعله، فإنّ لها كل الحق بأن تشعر بذلك. وإن وظيفتي كشريك ممتاز هي احترام هذا الشعور. لذا أعيد تقييم خياري وأسأل نفسي إن كان مهماً لهذا الحد بالنسبة لي. وفي معظم الحالات لا يكون كذلك، لذا أتخلى عنه. عندما تختار معاركك بشكل جيد، ستفوز.

فكر بها، لا تقلها

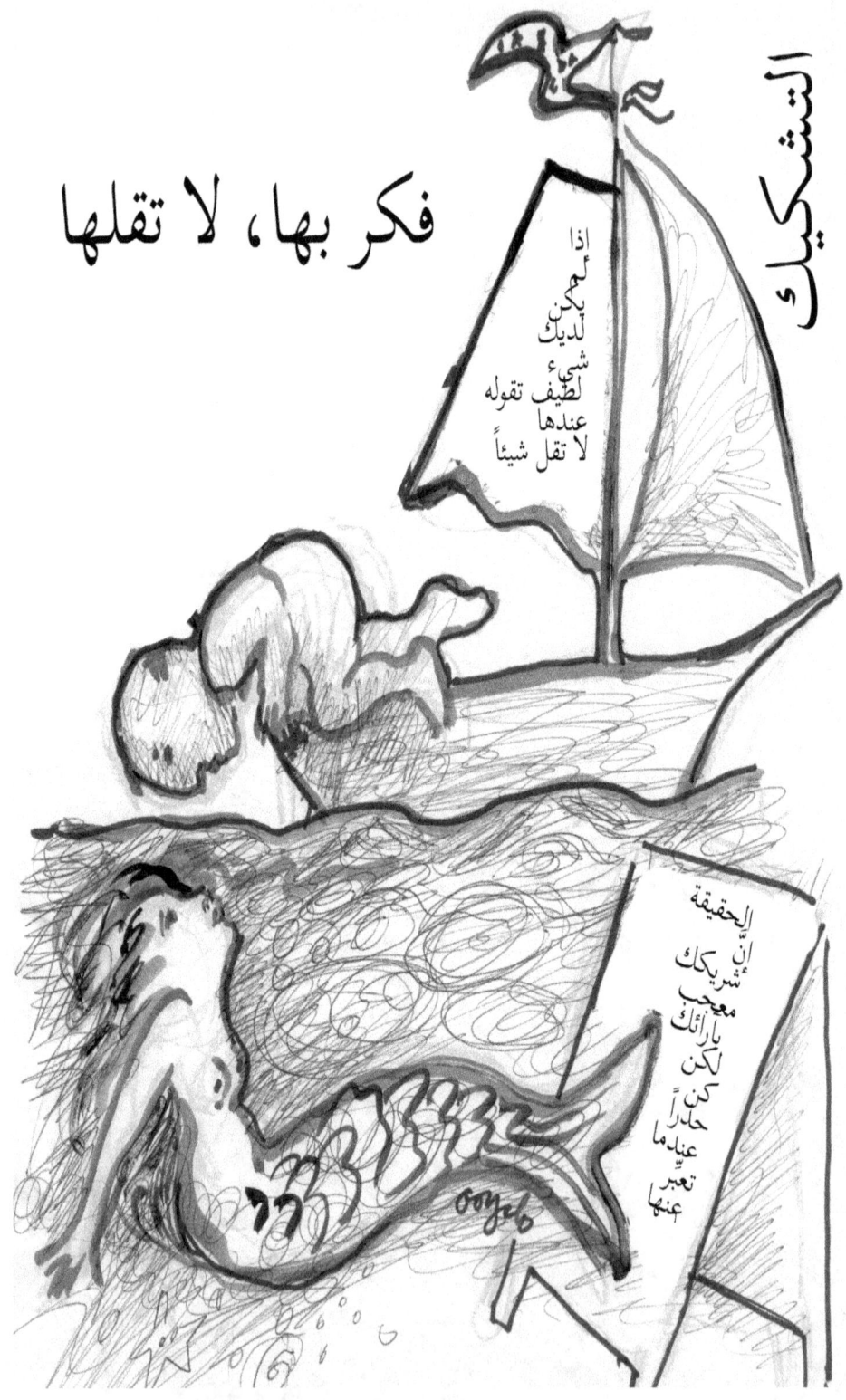

التشكيك

إن كنت قد قمت بشيء صحيح في حياتي
فقد كان ذلك اختياري لك

هل تشكك بقرارات وخيارات شريكتك اليومية؟ قد تتسبب هذه المشاكل المتعلقة بقلة الثقة وحب السيطرة بجعل العلاقة تتخذ موقفاً دفاعياً. هل تشكك بطريقة تعامل شريكتك مع مواقف محددة؟ هل تعترض على رأي شريكتك لكنها تنفذ الأمر بطريقتها رغم ذلك؟

كثيراً ما يكون تشكيكك بقرارات شريكتك نابعاً من قلة ثقتك به. تسمح ثقتك بشريكتك وبعلاقتكما بنمو علاقتكما على أصعدة أخرى. ودون هذه الثقة سيكون من الطبيعي أن تفقد إيمانك بشريكتك ولا تقدم له الدعم العاطفي عندما يحتاجه.

عندما تتخذ قرارات محكمة مع شريكتك، من الضروري تجنب إبعاد واحدكما للآخر. ما هي الخيارات الأخرى المطروحة بخلاف النتيجة التي تفضلها؟ ما هي النتائج التي تأمل شريكتك بالحصول عليها؟ يجب أن يتم التطرق إلى جميع هذه المواضيع قبل أن تبدأ بالتشكيك بقرارات شريكتك؟

إن عدم تعبيرك عن مشاعرك أو عدم الانخراط في عملية اتخاذ القرار، قد يولّد لدى شريكتك رغبة بالابتعاد عن اتخاذ القرارات، أو على الأقل الهامة منها.

إن التشكيك بمعظمه نابع عن نقص في القدرة على التسوية. إن كان هذا قد حصل، فلا بأس بأن تتحمل مسؤوليته وتقول “أنت على حق، أنا مخطئ”

أسئلة لك ولشريكتك

هل نشكك ببعضنا غالباً؟

عندما نشكك ببعضنا، هل يساعد ذلك علاقتنا؟

هل نشكك ببعضنا لأننا لا نتناقش بشكل كافٍ بخصوص القرارات قبل اتخاذها؟

إذا طرحنا سؤالاً يتعلق بالأشياء التي لسنا مسؤولين عنها، هل يبدو الأمر كأننا نتدخل فيما لا يعنينا؟

هل نعتقد أن لكلٍّ منا الحق بأن يكون له رأي فيما يتعلق بعمل الآخر أو هواياته؟

هل نعتقد أن لكلٍّ منا الحق بأن يكون له رأي فيما يتعلق بعائلة الآخر؟

هل يتجاهل واحدنا الآخر عندما يشكك بقراراته؟

هل تجرح مشاعر أحدنا أو كلينا عندما يشكك الآخر بقراره؟

هل يتمادى أي منا في تشكيكه بالآخر؟

وسيلة للتعامل مع التشكيك: فكر بها، لا تقلها

هل تعرف أحدهم تماماً بعيوبه ونواقصه إلى حدٍّ يصبح التشكيك بقراراته وآرائه أمراً طبيعياً بالنسبة لك. يحدث ذلك أكثر مما نود الاعتراف به. وهو أمر غير عادل بالنسبة لشريكتك لأنك تستغل معرفتك العميقة بها لإصدار أحكام قد تكون في غير محلها. ولن يعود ذلك بأي نفع على علاقتك.

تتلخص فكرة (فكر بها، لا تقلها) بأنه ليس هناك قرارات خاطئة، لأن هناك دوماً قابلية للتصحيح وإجراء التغييرات. تقبل الأمر عندما لا تتخذ شريكتك القرار الذي تعتقد أنه الأفضل بالنسبة لعلاقتكما. كفّ عن التشكيك بشريكتك وحاول أن تكون متوائماً معه بصورة أفضل.

اتبع استراتيجية خذ وأعطِ، تسمح لشريكتك باتخاذ القرارات دون انتقاد، وتسمح لك بفعل الشيء نفسه. والطريقة الوحيدة لفعل ذلك تكون من خلال التواصل والتسويات. دع شريكتك تقوم بالأمر بطريقتها، حتى ولو لم تكن موافقاً عليها. لا تفكر بها ولا تقلها، وستُفاجأ بالنتائج. إن لم تأتِ النتائج إيجابية، ضع اقتراحات للمرات القادمة وامضِ قدماً.

الإجراء المطلوب

التواصل

دع شريكتك تتخذ القرار الهام التالي.

دعه يتخذه دون تشكيك أو أحكام

ستكون حياتك أسهل إذا عرفت السبب الكامن وراء اتخاذ شريكتك للقرارات التي تتخذها. وما عليك إلا أن تسألها لتعرف. إن مناقشة الأمر هو السبيل الوحيد للموافقة أو عدم الموافقة على قرار شريكتك دون انتقاد. في الحقيقة يجب أن يكون الشريكان في العلاقة قادرين على دعم بعضهما البعض دون جدالات أو استخدام أي عبارات من قبيل "كيف تجرؤين/ي على التشكيك بأفعالي". لأن تعليقات كهذه وسوء الفهم الناجم عنها ينبعان من سوء التواصل بينكما. عندما تقفز إلى الاستنتاجات حيال ما تظن أنك تعرفه وما تعتقد أن شريكتك تظنه، سينتهي الأمر بك بالتعاسة. أنت لست قارئ أفكار، اطرح السؤال وحسب.

من المهم أن تتذكر أن التغيير يحدث تدريجياً. بعد خوض هذه النقاشات مع شريكتك والتوصل إلى تفاهم حول آلية اتخاذ القرارات معاً، ستكون قد وضعت استراتيجية خذ وأعطِ - تعد نقطة بداية ممتازة للتغيير. أفسح المجال لبعضكما للإخفاق، وكفّ عن تغذية فكرة أن الشريك يتخذ دوماً القرارات الخاطئة. بدلاً من ذلك قم بتذكير شريكتك أن عليها معالجة المسألة بالطريقة التي اتفقتما عليها.

لتجيد استخدام وسيلة (فكر بها، لا تقلها) عليك أن تُذكّر نفسك بأنك قد تكون مخطئاً. ولاحظ أن هذا التشكيك في شريكتك قد يكون نابعاً من قلة ثقتك بنفسك. كنت أظن أن شريكتي مخطئة تماماً في أسلوب معالجتها لمسألة معينة، وأن مقاربتي للموضوع هي المقاربة الصحيحة، لكن عندما بدأت بطرح الأسئلة، كانت إجابات شريكتي منطقية من عدة نواحٍ لم أكن قد أخذتها بعين الاعتبار. لم تكن طريقة المعالجة هي الطريقة التي كنت أتبعها، لكنني قررت العمل باقتراحات شريكتي. وأصبحت الآن معتاداً على احترام قرارات شريكتي. عليّ فقط أن أدعها تتولى الأمر وأدع الأمور تسير بسلام.

من طبيعة الإنسان أن يعتقد أنه يمتلك كل الإجابات، وأن طريقته هي الطريقة الوحيدة الصحيحة. لكن في بعض الأحيان قد تكون طريقة شريكتك أفضل. لا تحاول فرض رأيك ودع شريكتك تنفذ الأمر بطريقتها. وإذا تبين أنها كانت على خطأ، لا تطلق الأحكام عليها أو تنتقدها لأنك لم ترتكب خطأً من قبل. اعتد على اعتماد وسيلة (فكر بها، لا تقلها)

اسأل نفسك السؤال التالي: إذا توجب علي فعل الأمر مجدداً، ما الذي كنت لأفعله بطريقة مختلفة؟ هناك نوع مميز من اللباقة في قول "أنت على حق، أنا مخطئ"

الأكاذيب الصدق
جميعنا نخطئ أحياناً، لك
ن الخطأ الأكبر
ألا نعترف بخطئنا، ونكذب
الإسراف في الإنفاق وإخفاء الأمر
تناولت الغداء مع
حبيبتك السابقة
ولم تخبر زوجتك

الأكاذيب

كن الشخص الذي يخرب أحمر شفاه
شريكتك وليس من يخرب كحلتها

قد تصبح الأكاذيب البيضاء خطرة إذا استخدمتها لإخفاء الأشياء عن شريكتك. قد يصعب عليك تخيل الأثر الذي قد تسببه كذبة صغيرة. لكنها قد تتسبب بالكثير من الضرر لأنها قد تجعل شريكتك تعتقد أن هناك المزيد الأكاذيب الكبيرة التي تخفيها.

كما يمكن للأكاذيب أن تشعر شريكتك بأنه تم انتهاك ثقتها بك. ليس لأنه لم يكذب أحد عليها من قبل، لكن لأنها لم تعتد أن تكذب أنت عليها. يُفترض أن تكون أنت الشخص الوحيد في العالم الذي يمكنها الاعتماد عليه. ولذلك تشعر بالخيانة والغضب عندما تكتشف أنك تكذب عليها. وبعد أن تكتشف شريكتك أنك تكذب عليها، من الطبيعي أن تراجع الماضي لتبحث فيما قد تكون فوتته من أكاذيب. وعندما تعلق شريكتك في دوامة الشك هذه، ستشعر بالحماقة والإهانة.

وستعاني علاقتك من مسائل مرتبطة بالشعور بالخيانة. لأن الأكاذيب والثقة لا يجتمعان. فسرعان ما تدمر الأكاذيب الثقة.

عندما تكتشف شريكتك أول كذبة بيضاء لك، من الطبيعي أنها ستشكك في كل ما تقوله إلى حين إعادة بناء الثقة بينكما. متى ستعود إلى المنزل؟ أين ذهبت؟ من كان برفقتك؟ ماذا فعلت؟ وقد تكتشف أيضاً أن شريكتك أصبحت تتفقد رسائلك وبريدك الالكتروني عندما تكون غير موجود بجوارها. عليك أن تستوعب أنك فقدت حقك في الخصوصية لأنك ضُبطت وأنت تكذب. وأنت الوحيد المُلام في هذا.

وكلما كذبت أكثر، ستنزع شريكتك لحماية نفسها. وستضيف حجراً إلى ذلك الجدار حتى لا يعود بإمكانك المرور من خلاله أو فوقه أو الالتفاف عليه.

يمكن للأكاذيب البيضاء أن تبني جداراً بين الشريكين. إن حدث ذلك، فلا بأس بأن تتحمل مسؤوليته وتقول "أنت على حق، أنا مخطئ"

أسئلة لك ولشريكتك

هل نكذب على بعضنا أحياناً لتجنب نشوب خلاف أو صراع؟

هل نكذب أكاذيب بيضاء على بعضنا لحماية مشاعر بعضنا؟ متى يُعتبر هذا مقبولاً؟

هل يكذب أحدنا أو كلانا لأننا نظن أننا أدرى بمصلحة الآخر؟

هل نكذب أحياناً لحماية بعضنا؟ متى يُعد هذا مقبولاً؟

هل يكذب أحدنا أو كلانا أحياناً لأننا نشعر بالعار بسبب شيء فعلناه؟

هل يكذب أحدنا أحياناً لأننا لا نريد شرح أو تبرير تصرفاتنا؟

هل نكذب أحياناً لأن ذلك أسهل من قول الحقيقة؟

هل يكذب أحدنا أو كلانا ليظل مسيطراً على مجريات الأمور؟

هل نكذب كي لا نخيب أمل بعضنا؟

هل تتحول أكاذيبنا البيضاء أحياناً إلى أكاذيب أكثر جدية وضرراً؟

هل يظن الآخرون أن أحدنا أو كلانا يكذب حتى عندما نقول الحقيقة؟

هل يكذب أحدنا أو كلانا حتى عندما يرغب بقول الحقيقة؟

وسيلة للتعامل مع الأكاذيب: الثقة

تلك الأكاذيب البيضاء غير الضارة. إنها جزء من تكويننا. تعرفون تلك الأكاذيب الصغيرة التي كنا متمكنين منها عندما كنا صغاراً لنحصل على ما نريده دائماً.

عندما كانت أمك تخبرك أنه لا يمكنك اللعب قبل الانتهاء من واجباتك المنزلية كنت تجيبها "لقد انتهيت منها بالفعل" رغم أنك لم تنته منها. ثم تقدمت في العمر وراهنت على مباراة رغم أنك أخبرت شريكتك بأنك توقفت عن المراهنات. "أقلعتُ عن التدخين - هذه آخر سيجارة لي" تقول ذلك وتعنيه، إلى أن تمر بيوم مُجهد يجعل إرادتك ووعودك تذهب أدراج الرياح. هنا عليك التحلي بالصدق.

يعبّر الصدق عن شيئين: افعل ما تعد به ولا تلتزم بشيء لست مستعداً لتنفيذه. ولا يعني الصدق أن عليك الإفصاح عن كل فكرة شخصية تراودك. يمكنك الاحتفاظ بخصوصيتك فيما يتعلق بمعتقداتك أو أفكارك، ولكن لا يمكنك ذلك فيما يتعلق بالأفعال التي تؤثر على العلاقة.

الإجراء المطلوب

اطرح السؤال

هل يمكنك تحمل مسؤولية الأمر وحسب؟ في المرة القادمة التي لا تريد فيها أن تقع في المتاعب، كن صادقاً وابتعد عن الأكاذيب البيضاء كي تعد تعيش النزاهة.

أتعرف كيف يمكنك إدراك إن كنت تجاوزت أحد الحدود؟ يحدث ذلك عندما تقوم بتبرير أكاذيبك وتذهب إلى أقصى الحدود لإبقائها مخفية. وقد تشعر أيضاً أنها خاطئة عندما تقوم بها.

عندما تصل إلى العمل متأخراً بشكل متكرر، خمن ما الذي سيحدث؟ سيطردونك لأنهم لا يستطيعون الاعتماد عليك. وينطبق الأمر نفسه على العلاقات. عندما تخبر شريكتك أنك ستصل في موعد محدد، ثم تصل متأخراً. مثلاً، لأن شريكتك ستدرك أنها لا تستطيع الثقة بك أو الاعتماد عليك. لقد قالتها لك مسبقاً "لا يمكنني الثقة بك لأنّ...."

الدبلوماسية ليست كذبة بيضاء. لا بأس بأن تجيب على الأسئلة الشخصية بدبلوماسية لمراعاة مصلحة شريكتك. لنفرض أن شريكتك سألتك عن مظهرها قبل صعودها إلى المسرح بلحظات أو قبل مشاركتها في حدث تخاطب فيه الناس. يجب أن يكون جوابك بغض النظر عن كل شيء "تبدين رائعة" لأن قولك لأي شيء آخر قد يؤثر سلباً على أداء شريكتك. يمكنك إخبارها لاحقاً بالتعديلات على لباسها، لكن في هذه الحالة كانت الكذبة البيضاء ضرورية لمصلحتها. لذا استخدم الصدق بتحفظ. فهي تعلم أنك تحميها وتسعى لمصلحتها. يمكنك أن تكون صريحاً بطريقة لطيفة.

عندما تكذب، يرتفع مستوى التوتر الكامن داخلك. يقل إعجابك بذاتك عندما تكذب. يمنعك الكذب من أن تكون على طبيعتك.

خطئ أنا، أنت على حق :الحل النهائي

في أي موقف تجد نفسك فيه هي تعاني لاستعادة شريكتك، يمكنك استخدام الحل النهائي: أنت على حق، أنا خطئ. إنه مصمّم لجعل شريكتك تعرف أنك تشعر بالسوء لأنك لم تكن إلى مهمافاة معه أو أنك مستعد لتصحيح الأمور. وشريكتك، حج تنجح ي كي نخصيصشخل العلاقة تحتاج واقعاواقول في الأمر. إذا كردت تكتكيرك، في "خطئ أنا، أنت على حق" لول من خلال سلام مالا نون برعرب يأتي أن تأتي يُفّضل لكن لكن

على الآخرين. اللوم على الآخر إذا إذا ارتكبت خطأً، تحمل مسؤولية خطئك دون أن تحاول إلقاء اللوم لا تحاول إخفاء أخطائك أو الادعاء أنها لم تصحح. مغ رغم عدم إمكانية تغيير الماضي، لكن يمكنك تجنب الأخطاء المستقبلية. علي التعلم من أخطائك. تحمل مسؤوليتهاوقول و"أنت على حق، أنا خطئ"

لا ما عندك مشكلة حصبتصص بائدك في تك بعلاقتك ءاطاط الأخطاء الأمر. لكنها إنها التصرفات هذه بها، وتقوق ري ري ر. اذاخ تاباتموم دفاعي، وتحاول تعترف في الثقة. إذا كنت مستعدً لإعادة بناء علاقتك، قل ونقصاً في جوّ عدائياً تخلق أنت على حق، أنا خطئ" لتبدأ عملية التعافي.

الإجراء المطلوب
خطئ أنا، أنت على حق
تذكر القرارات السيئة التي صلت أو للعلاقة المرحلة إلى التي وصلت إليها على "أنت وقتك تكشريك إلى تنظر رظ كى المسؤولية لتحمل الوقت حان. الآن حق، أنا خطئ لأنني لم أكن على وفاق معك. لكن ذلك سيتغيرير الآن"

راسم رييغي على يقين بأن لديك القدرة على تغيير هذه المهارة، وكو ن على يقين بأن لديك القدرة على تغيير الوقتك الآيلة للفشل. يمكنك اتخاذ القرار بعيشي علاقة سعدةديد. هل ترير ديرت يضيمتم ن ان ديرت هل؟ معكم أو لا غاضب كيك شريك مع م نزل ع شيف العيّاقح للكل انا؟ دوجوم ريغ يغ ر الآخر أن أكو فرصتك تتح حاي اتجاه الري تعاكس غاضباً كماهك أيام للغاية. رزم هذا أن نعلم

مع كم تفاهم لعدم تذكر واعتذر وقل "أنت على حق، أنا خطئ" ولضضل الأفضل الشخص كن لذا اذا كك تكشريك. التصرفات بريكك فكيكرت السابقة الأخطاء يخي ارات تعكسك هذه ثم أعد إعادة إلعادة الكتاب هذا من اهاهيل علي تصلصح التي اراهم اتاراو والمعلومات المهاراهم استخدم. لول القول. بدء علاقتك وحج تكتاياتك. أم هو هو به زوفوتست أنك ستستعيديعت حياتك حياتيح بح بدء فالحب يزوفء دائماً.

كلمات لا يجب عليك قولها أبداً لشريكتك

"هل أنت مجنونة؟"
"هل سترتدين هذا؟"
"اهدأي!"
"لا تغضبي كنت أمزح معك وحسب!"
"لا تسيئي فهمي، لكن..."
"تجاوزي الأمر!"
"امنحيني مساحة!"
"أسرعي!"
"أكرهك!"
"لا أبالي!"
"أخبرتك أن.."
"إذا لم يعجبك الأمر، ارحلي!"
"سأقوم بذلك لاحقا"
"طفح كيلي"
"الأمر لا يعنيك!"
"إنه خطؤك!"
"تبدين متعبة."
"عليك اتباع حمية."
"لا تدعينني أبداً أفعل ما أريد."
"تذكرينني بأمي."
"كان عليك طلب المساعدة."
"لن تفهمي الأمر."
"أنت مزعجة."
"تطرحين الكثير من الأسئلة."
"أنت تتصرف بسخافة!"
"أنت لا تصغين إليّ."
"أنت مخطئة."
"ارتاحي."
"اسكتي!"
"كفي عن البكاء!"
"كفي عن التذمر!"
"توقفي عن الكلام!"
"هذا ليس عملي."
"ما الذي كنت تفعلينه طوال اليوم؟"
"ما المشكلة الآن؟"
"لماذا تفقدين صوابك؟"

كلمات عليك قولها أكثر لشريكتك

“أحبك.”
“أشتاق لك.”
“أحتاجك.”
“أنا آسف.”
“أثق بك.”
“أحب أن أكون برفقتك.”
“أحب طريقة عنايتك بي.”
“أحب تقبيلك.”
“أحب رحلتنا معاً.”
“أحب الحياة التي أنشأناها سوياً.”
“أحب مظهرك.”
“أعتقد أنك جميلة ببساطة.”
“كنت لأكرر كل ما عشته معك مجدداً.”
“سأغسل الأطباق.”
أنا مجنون بحبك!”
“أنا سعيد معك.”
“أنا مسرور جداً لوجودك في حياتي.”
“أنا مغرم بك للغاية.”
“أنا فخور بك.”
“سأتولى هذا الأمر.”
“فهمت قصدك.”
“أنت كل شيء بالنسبة لي.”
“تخرجين أفضل ما فيّ.”
“تستطيعين فعل ذلك.”
“تبدين رائعة!”
“تجعلين الحياة سهلة.”
“تجعلينني أرغب بأن أكون شخصاً أفضل.”
“أنت رائعة.”
“أنت عظيمة.”
“أنت أفضل أصدقائي.”
“أنت جميلة جداً.”
“أنت الأفضل.”
“أنت أفضل شيء حصل لي قطّ. |
“أنت محقة.”
“ما رأيك؟”

مستعد للمزيد؟

احصل على 16 وسيلة إضافية ضمن الكرّاس المتوفر على موقعنا الالكتروني

التوازن

العائلة: الشريك أولاً
الصحة: تحمل مسؤوليتها
الأولاد: اي إلهي
التنفيس: عشر دقائق

المساواة

تفادي الصراع: ملعب مستوٍ
عدم الاحترام: لماذا
امتلاك صوت مسموع: أصغِ وحسب
الأنانية: نحن

الأمان

الشؤون المالية: سلوك متعاون
الغيرة: إنها خطأ وحسب
التلاعب: توقف
الدعم: تأكيد

الثقة

النزاهة: ابقَ صريحاً
الحميمية: الشغف
ديناميكيات العلاقة: أخذ المبادرة
التكنولوجيا: كتاب مفتوح

تعرّف أكثر على المشاكل المرتبطة بالماضي واحصل على 16 وسيلة متوفرة ضمن الكرّاس الموجود على موقعنا:

youarerightiamwrong.ae

المشاكل المرتبطة بالماضي هي المشاكل التي نحملها جميعاً في داخلنا. إنها المشاكل التي لا يمكن إصلاحها بسهولة، لكن لا يمكن تجاهلها. كلما تخلصنا من إحدى هذه المشاكل، تصبح العلاقة أفضل. عبر الانترنت يوجد 16 وسيلة تساعدك على التخلص من هذه المشاكل التي قد تُضعف علاقتك بالشريك.
ا

التوازن

الإدمان: قوة الإرادة
الاكتئاب: إنه حقيقي
الصدمة: أفهمك
الرغبات مقابل الاحتياجات: أعد النظر فيها

المساواة

الاتكالية: برمجة سيئة
الالتزام: الهوية
تسجيل الأخطاء: العمل الجماعي
النقمة: السماح

الأمان

الاستغلال: الخفايا والأسرار
المسامحة: لا تستفزها
الأموال المخبأة: خيانة مالية
الثقة بالنفس: التوقعات

الثقة

الهجر: قفازات الطفل
الخداع: إنه مؤلم
الحياة المزدوجة: يا للهول
الجفاء العاطفي: إعادة الاستثمار

أنا مخطئ، أنت على حق

رمز QR في الأسفل
سيقودك إلى المنصة الالكترونية

عندما تدخل إلى المنصة الالكترونية
ستتمكن من الوصول إلى ما يلي:

كرّاس يتضمن المزيد من الوسائل
دروس ونصائح وأمثلة
نصائح تحفيزية للثنائيات

youarerightiamwrong.ae

أنا مخطئ، أنت على حق
هدف الكتاب جعل خياراتك اليومية متوافقة مع شريكتك

الغرض الأساسي من الكتاب هو مساعدتك على أن تحظى
بحياة رائعة وعلاقة مذهلة

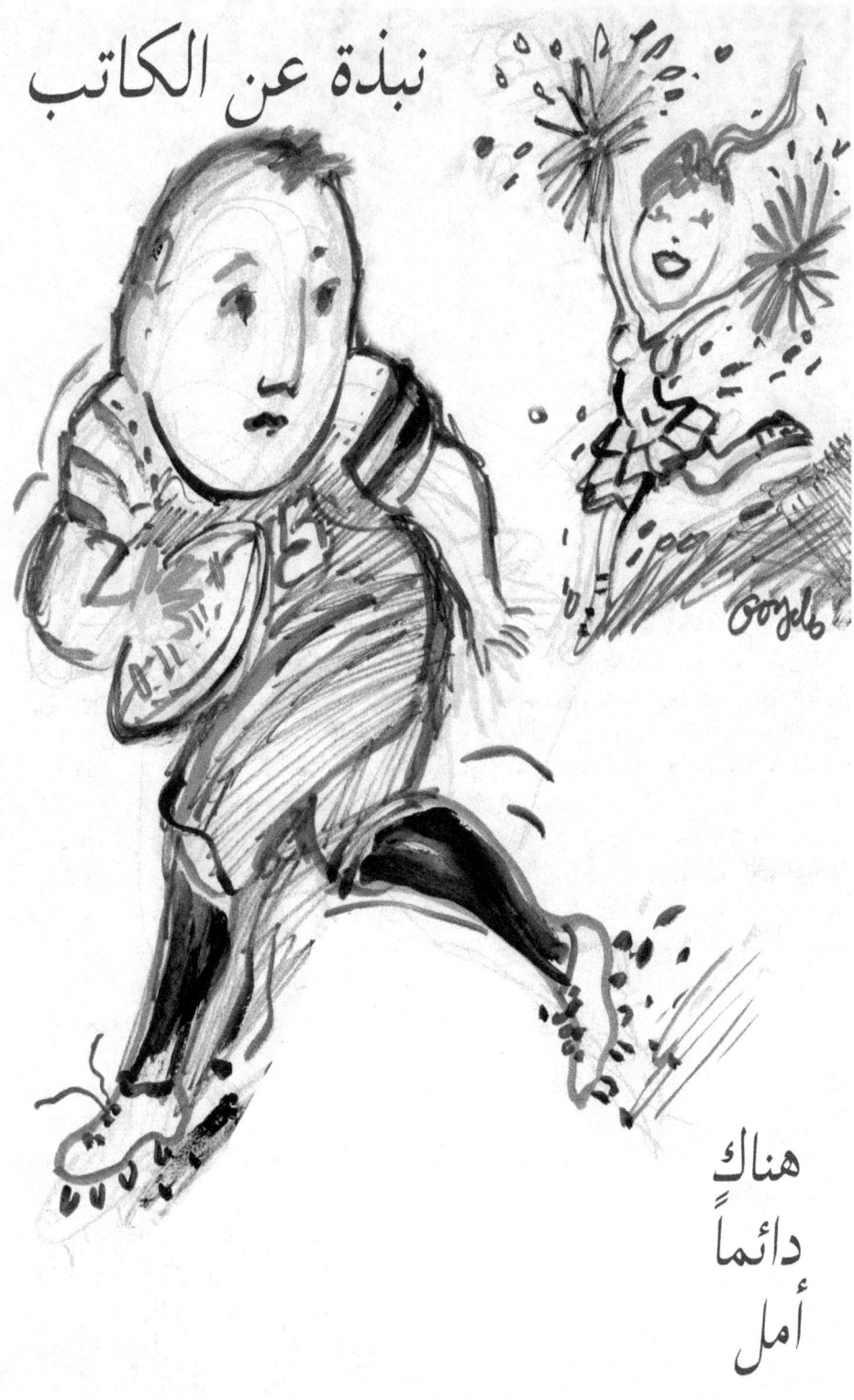

نبذة عن الكاتب

هناك
دائماً
أمل

لم يعد تضميد الجراح كافياً

يركز جيف مارينيلي، مؤلف وناشر في مجلة، على أن يكون ذا أثر في حياته الزوجية والعائلية ومساعيه الخيرية.

في حياته العملية، يرأس جيف مارينيلي فريقاً متميزاً على قدر عالٍ من التقنية والجودة. ولكن تكمن سعادته الحقيقية في مساعدته لإنجاح العلاقات. لا يسعنا أن نقول إنه طبيب نفساني، لكنه شخص ذو نزعة تفاؤلية اكتسب خبرته من تجاربه العميقة في التعامل مع زوجته في ظروف متنوعة على المستوى الشخصي والمهني.

زوجة جيف امرأة ذات إنجازات فائقة حيث عملت مع بعض الأشخاص الأكثر نفوذاً في العالم مثل ريتشارد برانسون، وتشارلز هورويتز، وستيوارت رينسيك، وغيرهم الكثير، وفي عملها معهم قامت بتصفية وبيع سبعة من الشركات. بالنسبة للآخرين فإنها تبدو امرأة متطلبة وعدوانية ومخيفة ولكن تركيز جيف على الحب والشفافية كان العامل في نجاح زواجهما المبني على الصداقة والشراكة فيما. فهما يساعدان بعضهما البعض في أداء التزاماتهما المشتركة وأيضاً في اتخاذ أي قرار.

يشارك جيف أفكاره في كتابه الرائع "أنت محق، أنا مخطئ" الذي فيه يمجد الرومانسية. يعرض الكتاب فرصت جيف الحكيم والأساليب التي يستخدمها في حل أي مسألة. إنه دليلك الذي لا يقدر بثمن لتؤسس حياة زوجية سعيدة.

ISBN 978-9-69-259267-3

9 789692 592673 >

www.ingramcontent.com/pod-product-compliance
Lightning Source LLC
Chambersburg PA
CBHW060505130626
46553CB00002B/416
* 9 7 8 9 6 9 2 5 9 2 6 7 3 *